DADOS INTERNACIONAIS DE
CATALOGAÇÃO NA PUBLICAÇÃO (CIP)
Jéssica de Oliveira Molinari CRB-8/9852

Stewart, Amy
Natureza macabra : insetos / Amy Stewart; tradução de Dalton Caldas; ilustrações de Briony Morrow-Cribbs.
– Rio de Janeiro : DarkSide Books, 2024
256 p. : il., color.

ISBN: 978-65-5598-442-2
Título original: Wicked bugs: the louse that conquered Napoleon's army & other diabolical insects

1. Insetos nocivos 2. Pragas 3. Aracnídeos
I. Título II. Caldas, Dalton III. Morrow-Cribbs, Briony

24-2896 CDD 632.7

Índice para catálogo sistemático:
1. Insetos nocivos

Impressão: Braspor

Celebramos a natureza macabra e os pequenos monstros que espreitam no silêncio, lembrando-nos que o mundo natural é tanto fascinante quanto perigoso. Que possamos juntos apreciar o equilíbrio entre beleza e risco, e entender como os menores seres podem abrigar os maiores mistérios e surpresas.

Fazenda Macabra
Reverendo Menezes
Pastora Moritz
Coveiro Assis
Caseiro Moraes

Leitura Sagrada
Débora Zacharias
Karen Alvares
Maximo Ribera
Tinhoso e Ventura

Direção de Arte
Macabra

Coord. de Diagramação
Sergio Chaves

Colaboradores
Caroline Gomes
Jessica Reinaldo

A toda Família DarkSide

MACABRA™ DARKSIDE

Todos os direitos desta edição reservados à
DarkSide® Entretenimento Ltda. • darksidebooks.com
Macabra™ Filmes Ltda. • macabra.tv

AMY STEWART

PEQUENOS SERES MORTAIS

NATUREZA MACABRA

DARKSIDE

INSETOS

O piolho que derrotou o exército de Napoleão e outros insetos diabólicos

ILUSTRAÇÕES
Briony Morrow-Cribbs

TRADUÇÃO
Dalton Caldas

MACABRA™
DARKSIDE

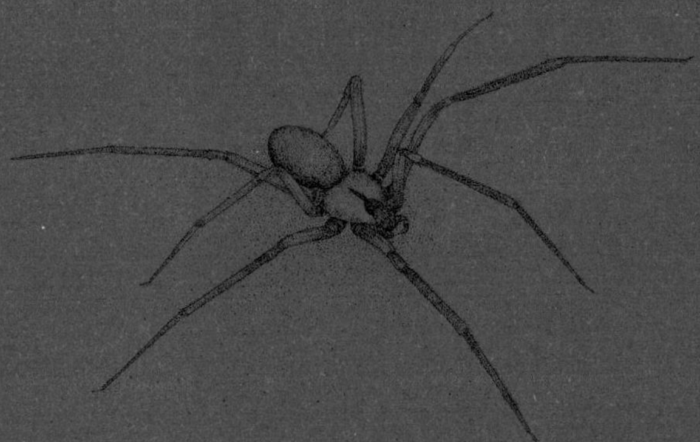

Para PSB

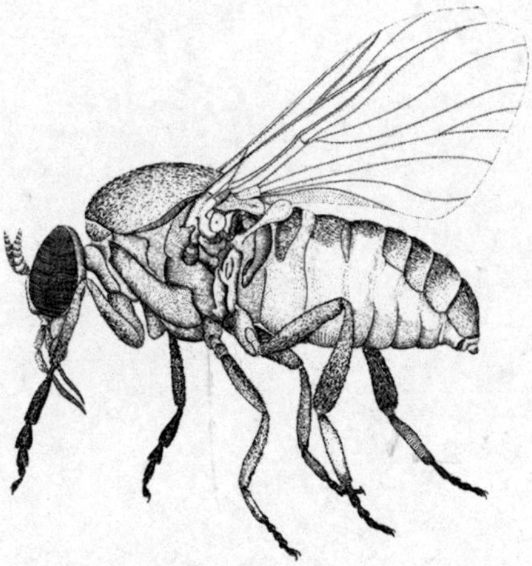

"Uma vespa é perversa; ela ataca e fere; ela perfura, mirando sem provocação o rosto e os olhos. O nome sugere um zumbido metálico de asas malignas, voo feroz e assalto venenoso. Embora seja preta e amarela, soa escarlate. Há sangue nela."

"A VESPA EGÍPCIA"
Algernon Blackwood

SUMÁRIO

INTRODUÇÃO

GUIA DE INSETOS

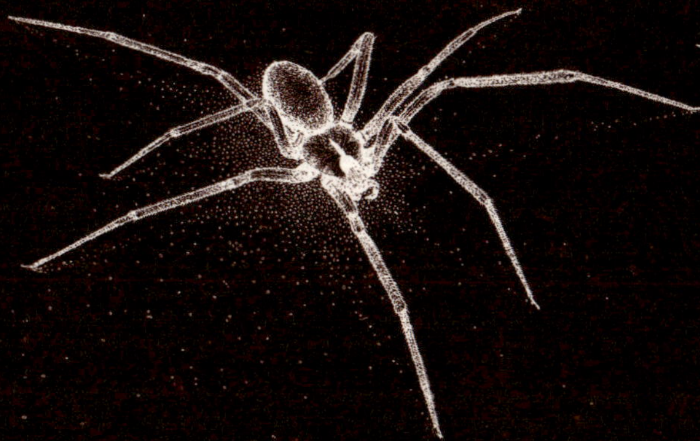

OUTROS INSETOS ASSUSTADORES

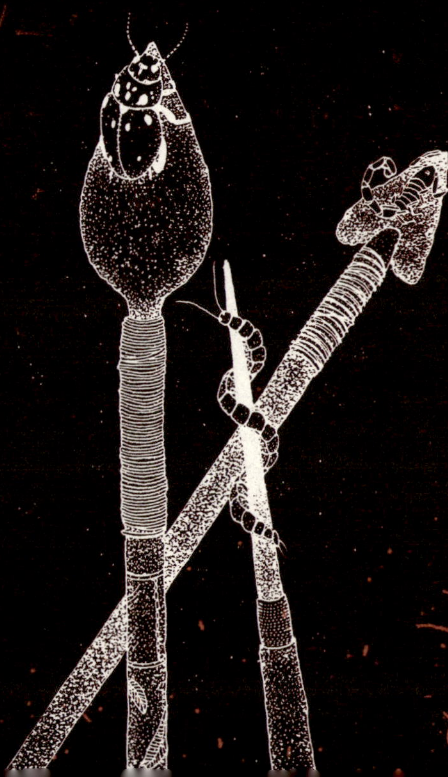

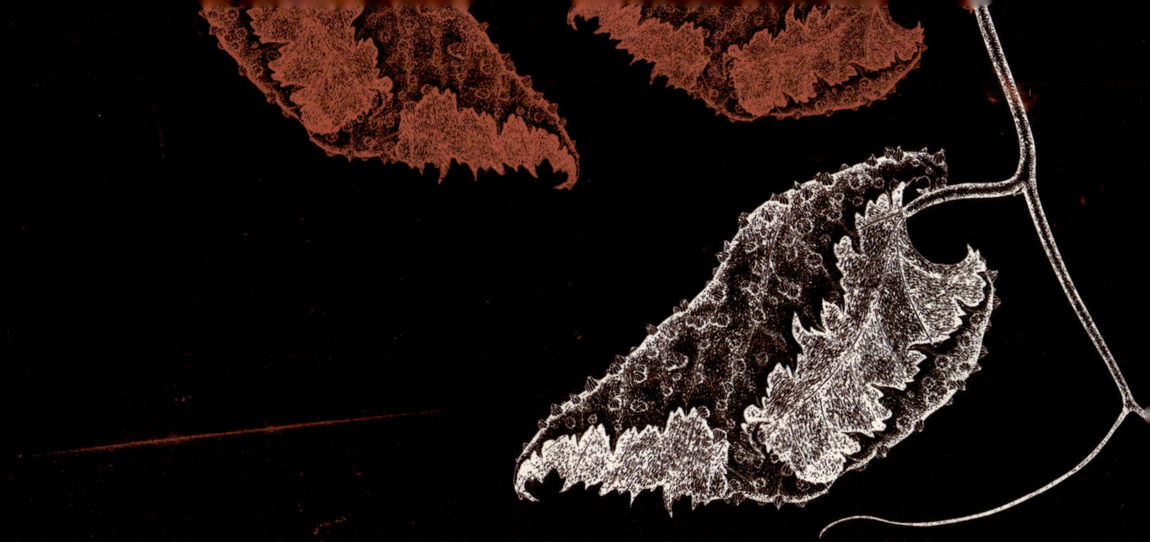

NOTAS FINAIS

CONTO MACABRO

INTRODUÇÃO

CUIDADO: ESTAMOS EM NÚMERO MUITO MENOR

Em 1909, o *Chicago Daily Tribune* publicou um artigo intitulado "Se os Insetos Fossem do Tamanho de Homens", que começava com esta declaração sinistra: "Todos os poderes de destruição já criados pelos homens são pueris e absurdos se comparados àqueles que a natureza concedeu aos insetos". O repórter prosseguiu perguntando o que aconteceria "se a varinha de condão de um mágico poderoso acenasse sobre o mundo amanhã e reduzisse a humanidade ao tamanho dos insetos, ao mesmo tempo que as minúsculas criaturas chegassem ao tamanho dos homens".

Os moradores de Chicago devem ter lido alarmados sobre as calamidades que lhes abateriam caso trocassem de lugar com os insetos: o enorme besouro-hércules não seria apenas formidável, e sim imoral, com um apreço por beber e brigar; os besouros de casca de árvore derrubariam enormes fortalezas; exércitos ficariam indefesos contra a artilharia do besouro-bombardeiro; aranhas "destruiriam elefantes... a única salvação possível dos seres humanos seria o fato de serem insignificantes demais para atacar". Até os leões se encolheriam de medo perante esses novos inimigos alados e de várias pernas.

A intenção do jornalista era, sem dúvida, deixar claro que insetos são poderosos à sua própria maneira e sugerir que apenas seu tamanho diminuto os impede de conquistar o mundo.

Ah, se isso fosse verdade... Os insetos mudaram o curso da história. Eles já impediram soldados de seguirem adiante, expulsaram fazendeiros de suas terras, devoraram cidades e florestas e causaram dor, sofrimento e morte a centenas de milhões de pessoas.

Isso não quer dizer que eles também não façam o bem. Eles polinizam as plantas que nos alimentam e servem de comida para criaturas acima e abaixo deles na cadeia alimentar. Além disso, fazem o trabalho vital de decomposição, devolvendo folhas caídas e heróis abatidos à terra. Qualquer inseto, desde a mosca-varejeira até o besouro burrinho, tem utilidade na medicina. E eles atacam uns aos outros, mantendo as pragas sob controle. Seria impossível viver sem eles. O uso indiscriminado de pesticidas e a destruição dos habitats dos insetos é muito mais prejudicial do que simplesmente aprender a conviver com eles e apreciar suas melhores qualidades.

Mas este não é um livro enaltecendo suas virtudes. Assim como em *Natureza Macabra: Plantas*, eu me dediquei exclusivamente ao lado sombrio da relação entre a natureza e os humanos. É possível que digam que as pessoas já nutrem ódio suficiente de insetos e não precisam de mais estímulo. E nós, que estamos firmemente do lado dos insetos, varrendo-os com delicadeza para fora de casa com palavras gentis e nos recusando a permitir sprays químicos nos nossos jardins por medo de perturbar o jantar deles, talvez não tenhamos vontade de explorar seus antecedentes criminais.

No entanto, nosso afeto pode ser tão enganoso quanto nossa fobia. A aranha do jardim na sua janela merece reconhecimento, mas o inseto sanguessuga encontrado em locais remotos deve ser evitado. Aprender a diferenciá-los não exige diploma; apenas bom senso e curiosidade. Espero que esta coleção inspire as duas coisas, e também proporcione algumas emoções de arrepiar pelo caminho.

Não sou cientista nem doutora; sou uma escritora fascinada pelo mundo natural. Em cada capítulo, tento contar uma história deliciosamente assustadora e oferecer informações básicas sobre cada criatura para facilitar sua identificação. Este livro não é um guia de campo nem uma referência médica; não o use para identificação definitiva ou diagnóstico. Para isso, há uma lista de leituras recomendadas e fontes no final do livro.

Dentre as milhares de espécies que poderia ter incluído, escolhi as que mais me intrigaram. Eu uso a palavra *maligno* de maneira bastante ampla, englobando os insetos mais dolorosos do mundo, como a formiga-cabo-verde, conhecida em inglês como *bullet ant*, cuja sensação da picada é semelhante a levar um tiro; os insetos mais destruidores, como o cupim subterrâneo, mastigando silenciosamente as proteções contra enchentes de New Orleans; e vetores de doenças, como a pulga do rato, que levou a peste bubônica à Europa. Insetos que destroem plantações, expulsam as pessoas de casa ou simplesmente as levam à loucura: todos encontraram um lugar nestas páginas. Algumas histórias são grotescas, outras são trágicas, mas em todos os casos fiquei impressionada com o poder e a complexidade dessas criaturas minúsculas.

Os entomologistas logo protestarão que o termo *bug* é enganoso, e estão certos. A maioria de nós usa a palavra para descrever qualquer criatura minúscula e rastejante; em países de língua inglesa, contudo, a palavra é empregada de maneira ainda menos precisa para se referir a doenças como gastroenterite ou um dispositivo de escuta escondido em um abajur, enquanto mundialmente se popularizou o termo para aludir a uma falha em um programa de computador. Nenhum desses usos, na perspectiva científica, é correto. A rigor, inseto é uma criatura com seis pernas, corpo de três segmentos e geralmente dois pares de asas. Em inglês, podemos chamar de *bug* um subconjunto de insetos da ordem Hemiptera, com aparelhos bucais perfurantes e sugadores. Aranhas, vermes, centopeias, lesmas e escorpiões não são insetos, e sim aracnídeos e outras classes de criaturas apenas remotamente relacionadas aos insetos. Não consegui resistir a incluir alguns deles neste livro e peço perdão aos cientistas por usar essa definição amadora para me referir a todos eles.

Até hoje, mais de 1 milhão de espécies de insetos foram catalogadas no mundo todo. Estima-se que haja dez quintilhões de insetos vivos no planeta neste momento, o que significa que, para cada um de nós, há duzentos milhões deles. Se todas as criaturas vivas da Terra fossem dispostas em uma pirâmide, ela seria composta quase totalmente por insetos, aranhas e afins. Outros animais, incluindo as pessoas, formariam apenas a menor seção em um canto da pirâmide. Estamos em número muito menor.

Aos insetos e seus compatriotas rastejantes e contorcidos, ofereço meu respeito cauteloso e minha completa admiração. Depois de tudo que aprendi, ainda não consigo esmagar um inseto. Mas agora os observo com mais perplexidade — e medo — do que nunca.

PEQUENOS SERES MORTAIS

NATUREZA MACABRA

DARKSIDE

Guia de Insetos

ÁCARO-DA-SARNA

Sarcoptes scabiei var. hominis

O dr. Francesco Carlo Antommarchi atuou como um dos últimos médicos de Napoleão Bonaparte durante seu exílio em Santa Helena. Seu paciente difícil e exigente sofreu uma série de doenças ao longo dos anos, incluindo problemas digestivos, doença hepática e uma misteriosa erupção cutânea. No dia 31 de outubro de 1819, apenas um ano e meio antes da morte de Napoleão, o médico registrou este diálogo bizarro:

"O imperador estava inquieto e agitado: eu o aconselhei a tomar um remédio calmante que indiquei. 'Obrigado, doutor', disse ele. 'Tenho algo melhor do que a sua farmácia. O momento se aproxima, eu sinto quando a natureza vai se aliviar.' Ao dizer isso, atirou-se em uma cadeira, pegou a coxa esquerda e a rasgou com uma espécie de prazer impaciente. Suas cicatrizes se abriram novamente e o sangue jorrou. 'Eu lhe disse, doutor; agora estou melhor. Tenho meus períodos de crise e, quando eles acontecem, sou salvo.'"

Antommarchi não foi o primeiro a ver Napoleão rasgando a própria pele. Um de seus empregados escreveu que "em várias ocasiões, eu o vi enterrar as unhas na coxa com tanta veemência que saiu sangue". Às vezes, ele estava tão coberto de sangue durante campanhas militares que os soldados pensavam que ele tinha sido ferido, quando na verdade estava apenas em carne viva de tanto coçar. Talvez nunca saibamos exatamente o que levou Napoleão a um frenesi desses, mas pelo menos um médico que tratou dele diagnosticou a erupção como sarna.

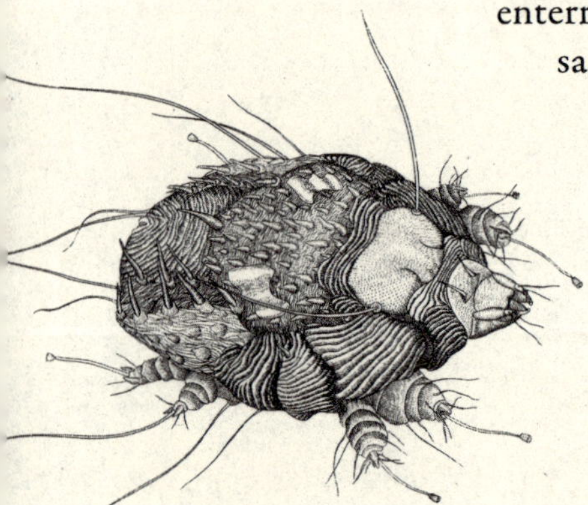

Embora não fosse muito compreendido na época, o ácaro-da-sarna com certeza afetou as tropas durante as guerras de Napoleão e praticamente todas as guerras desde então. Aglomerações, a necessidade de usar a mesma roupa dia após dia sem lavar e migrações em massa de pessoas pobres durante a guerra contribuem para a propagação da sarna. No final dos anos de 1600, foram feitas algumas tentativas para persuadir a comunidade médica de que a sarna era causada por um parasita, mas essas ideias foram amplamente ignoradas. Os médicos de Napoleão muito provavelmente acreditavam que a sarna era causada por um desequilíbrio de "humores".

O que Napoleão compreendia era que a sarna era infecciosa. Ele descreveu um incidente no começo de sua carreira que deu início a seu longo histórico de problemas de pele. Durante o cerco a Toulon em 1793, um artilheiro foi baleado enquanto carregava um canhão, então Napoleão interveio e ficou em seu lugar. Tanto o soldado morto quanto o equipamento dele estavam cobertos de suor pela agitação da batalha. Napoleão acreditava que fora nesse momento que "adquirira a infecção da coceira que cobria o soldado".

Em 1865, algumas décadas após a morte de Napoleão, finalmente se compreendeu que a sarna era causada pelas ações de um ácaro quase invisível. Uma fêmea adulta se enterra na pele, geralmente em torno das mãos e punhos, e bota alguns ovos todos os dias. Os ovos eclodem e as larvas

Napoleão acreditava que fora nesse momento que "adquirira a infecção da coceira" de um soldado morto no campo de batalha.

passam para uma camada superior da pele, onde formam pequenas residências chamadas de bolsas de muda. Elas se transformam em ninfas e depois em ácaros adultos, que acasalam apenas uma vez na sua curta vida, tudo isso ocupando esse espaço debaixo da pele. Quando engravidam, as fêmeas finalmente saem de suas tocas e andam pelo corpo de seu hospedeiro até encontrarem outro local adequado para começar uma nova família. Ao todo, um ácaro-da-sarna vive de um a dois meses, passando quase todo esse tempo sob a pele do hospedeiro.

As pessoas infestadas com sarna podem não sentir nenhum sintoma durante o primeiro mês ou dois. Com o tempo, porém, desenvolvem uma grave reação aos próprios ácaros, sem falar nos resíduos deixados sob a pele. Às vezes, uma erupção cutânea se espalha por todo o abdômen, ombros e costas, até mesmo quando não há nenhum ácaro ali. Como o ácaro pode viver alguns dias longe de seu hospedeiro, teoricamente é possível transmitir a sarna por meio de roupas, lençóis e brinquedos, embora o meio de transmissão mais comum seja o contato de pele com pele. Embora Napoleão tenha sofrido a vida inteira com uma provável infecção por sarna, hoje os médicos podem tratar a doença com um creme de uso tópico.

TAMANHO *Até 0,45 mm*

FAMÍLIA *Sarcoptidae*

HABITAT *Encontrado em seu hospedeiro ou muito próximo dele*

DISTRIBUIÇÃO *Mundo todo*

Conheça a família

Diversos ácaros-da-sarna infestam humanos, animais silvestres e domesticados. O ácaro Sarcoptes scabiei *canis causa uma espécie de sarna nos cães conhecida como sarna sarcóptica.*

ARANHA ARMADEIRA

Phoneutria sp.

Era um dia normal no aeroporto do Rio de Janeiro. As bagagens rolavam suavemente pelo controle de segurança, com os aparelhos de raios X revelando a variedade usual de biquínis, sandálias e protetores solares. Porém, o conteúdo de uma mala fez todo o posto de controle parar; a julgar pela imagem na máquina de raios X, ela parecia conter centenas de pernas minúsculas e retorcidas.

Alguém estava tentando contrabandear aranhas mortais do Brasil. A mala foi cuidadosamente embalada com pequenas caixas brancas, cada uma contendo uma única aranha viva. O contrabandista era um jovem galês que alegou estar levando-as para o País de Gales para vendê-las em sua loja de aranhas. Uma revista completa de sua bagagem revelou mil aranhas ao todo. Ele as colocou até em sua bagagem de mão, levando as autoridades de segurança brasileiras a observarem que, se as aranhas escapassem e começassem a descer pelos compartimentos superiores durante o voo, o caos seria inimaginável.

As aranhas foram enviadas a um laboratório para identificação, onde ficou claro que não eram aracnídeos comuns: uma das espécies que o galês havia reunido era a aranha armadeira, considerada uma das mais perigosas do mundo.

Se as aranhas escapassem e começassem a descer pelos compartimentos superiores durante o voo, o caos seria inimaginável.

Essa grande aranha marrom-acinzentada é incomum por não tecer uma teia e esperar sua presa cair nela. Em vez disso, ela ronda o chão da floresta e até anda pela cidade, caçando seu jantar tarde da noite. E enquanto a maioria das aranhas sai correndo ao avistar um agressor, a armadeira se mantém firme, levantando-se nas patas traseiras, pronta para a briga. Quem bater em uma aranha dessas deve ter a intenção de matar, porque, se ela sobreviver a uma vassourada, é bem capaz de tentar subir pelo cabo e picar.

A picada causa uma onda de dor imediata e intensa, que pode vir seguida de dificuldade de respirar, paralisia e até asfixia. Um dos sintomas mais estranhos da picada dessa aranha é priapismo, uma ereção persistente. Infelizmente, não é um sinal de excitação, e sim de um envenenamento grave. As pessoas que suspeitam ter sido picadas por uma aranha armadeira devem procurar atendimento médico imediatamente, mas com os devidos cuidados e um pouco de sorte, vão sobreviver.

Existem oito espécies de aranhas armadeiras no gênero *Phoneutria*, todas encontradas em partes da América Central e do Sul e reconhecíveis por seus oito olhos, quatro dos quais formam uma caixa diretamente na frente do rosto. As oito espécies não são igualmente venenosas, e a maioria

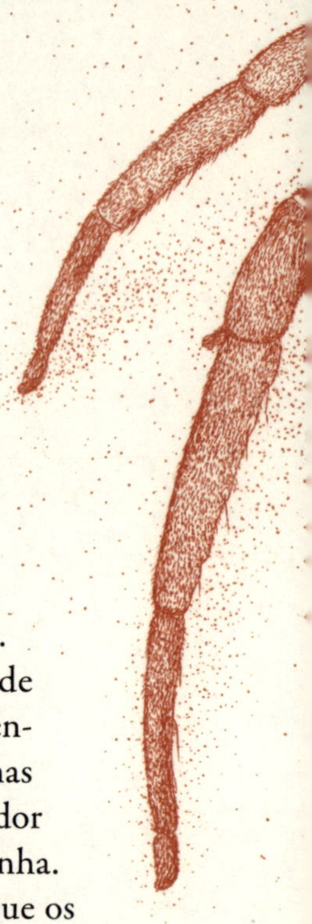

das pessoas picadas sente apenas dor branda e se recupera totalmente. Entretanto, as espécies mais venenosas são capazes de matar, sendo crianças pequenas e idosos as pessoas em maior risco.

Devido ao fato de às vezes subir em bananeiras em busca de presas, a aranha pode acabar como clandestina em carregamentos da fruta, o que lhe fez ganhar o apelido de "aranha-de-bananeira". Existem muitas espécies parecidas e inofensivas que aparecem nas bananas e outras cargas também, e poucos cientistas no mundo são capazes de fazer a identificação correta. É difícil, portanto, confiar em relatos da mídia sobre picadas de *Phoneutria* infligidas por aranhas em produtos importados. No entanto, um chef britânico que estava abrindo uma caixa de bananas na cozinha foi supostamente picado por uma em 2005. Apesar da dor e do choque, ele conseguiu pegar o celular e tirar uma foto da aranha. Ela própria foi encontrada mais tarde na cozinha, permitindo que os especialistas a identificassem e dessem o tratamento correto ao homem. Ele sobreviveu, mas só depois de passar uma semana no hospital.

TAMANHO *150 mm, incluindo as patas*

FAMÍLIA *Ctenidae*

HABITAT *Florestas tropicais e áreas escuras e isoladas, como pilhas de lenha e galpões*

DISTRIBUIÇÃO *América Central e do Sul*

Conheça a família

Outros membros da família Ctenidae são geralmente aranhas que vivem no solo e caçam em vez de tecerem teias, mas se sabe menos sobre a potência do veneno delas.

ARANHA-GOLIAS

Theraphosa blondi

Carole Hargis talvez seja a assassina mais inepta já vista na Califórnia. No começo de 1977, ela estava desencantada com seu casamento com David Hargis, um instrutor de treinamento do Corpo de Fuzileiros Navais destacado em San Diego. Ele havia feito um seguro de vida para si, por achar que um militar podia correr perigo a qualquer momento e que deveria garantir que sua esposa (e os filhos dela, de um casamento anterior) ficaria amparada. Carole contou a uma vizinha sobre o seguro, e em pouco tempo as duas bolaram um plano para matar David e dividir o dinheiro.

As doze ou mais formas de assassinato que elas conceberam seriam cômicas, se não tivessem terminado de forma tão trágica. Primeiro, Carole se inspirou em um episódio de *Alfred Hitchcock Apresenta*, em que alguém foi morto por um secador de cabelos jogado na banheira. Ela tentou essa façanha, só que David estava no chuveiro e não havia água suficiente para dar um choque nele. Depois, ela misturou uma dose poderosa de LSD na torrada dele, o que só lhe rendeu uma dor de barriga. Outros planos envolviam balas de revólver no carburador, soda cáustica em seu martíni, remédio para dormir na cerveja e um acidente de carro. Ela tentou injetar uma bolha de ar na veia dele enquanto dormia, mas a ponta da agulha quebrou e ele acordou de manhã com o que parecia uma pequena picada de inseto.

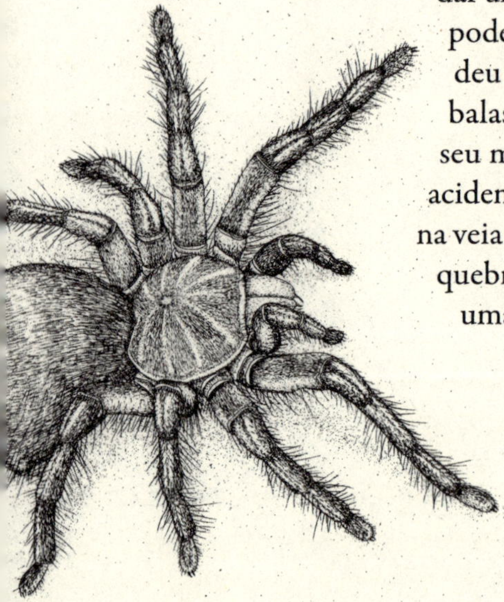

E aí veio a torta de aranha. Carole tinha uma aranha-golias de estimação, e a princípio cogitou colocar a caranguejeira na cama com ele, na esperança de que fosse picado. Mas então teve uma ideia melhor: ela removeu a bolsa de veneno da aranha-golias e a escondeu em uma torta de amora. A sorte do sr. Hargis durou mais um pouco: ele deu algumas garfadas na torta, mas nunca encostou no veneno. Estava começando a parecer que ele era invencível.

Por fim, Carole e sua vizinha ficaram desesperadas e recorreram à boa e velha paulada, espancando-o até a morte na cama e jogando o corpo no deserto, onde esperavam que parecesse um acidente. Não pareceu. A polícia teve pouca dificuldade para descobrir a verdade, e as mulheres foram julgadas e condenadas por seus crimes.

Entre os muitos erros que Carole Hargis cometeu estava o equívoco sobre a letalidade do veneno de uma aranha-golias. Não que elas não sejam intimidadoras: a maior aranha-caranguejeira, *Theraphosa blondi*, tem quase trinta centímetros de comprimento com as patas esticadas. Ela tece uma armadilha e espera sua presa passar — um camundongo, talvez — e então ataca. Com presas de quase 2,5 centímetros de comprimento, ela injeta seu veneno e mata o camundongo. E, assim como outras caranguejeiras, ou tarântulas, é coberta por pelos urticantes (que queimam), que ela pode eriçar e lançar sobre um inimigo quando ameaçada.

Ela removeu a bolsa de veneno da aranha-golias e a escondeu em uma torta de amora. Seu marido deu algumas garfadas na torta, mas nunca encostou no veneno. Estava começando a parecer que ele era invencível.

Mas, apesar desse comportamento de meter medo, na realidade a picada de uma caranguejeira não é pior do que a de uma vespa ou abelha. Com certeza vai arder: de fato, cientistas descobriram recentemente que a picada da tarântula das Índias Ocidentais, *Psalmopoeus cambridgei,* age nas células nervosas com o mesmo mecanismo usado pela pimenta habanero. Essa dor forte e quente é difícil de suportar, mas não é fatal. Para pessoas com alergias graves, o veneno pode ser bastante perigoso, mas a maioria delas sobrevive.

Além de seu papel nesse estranho caso de assassinato, a tarântula há muito tempo é associada à dança italiana tarantela, que fica cada vez mais rápida à medida que avança até ficar bastante frenética. "Tarantismo" foi uma espécie de doença nervosa dançante encontrada no sul da Itália durante os séculos XV, XVI e XVII, que, na época, acreditava-se ser causada pela picada de uma tarântula. Mas, na verdade, a causa foi provavelmente envenenamento por ergotamina (um fungo que infesta o centeio e contém um precursor do LSD), ou pode ter sido resultado de alguma espécie de ansiedade ou histeria coletiva. Independentemente disso, é altamente improvável que a culpa seja da aranha.

TAMANHO *Até 30 cm, incluindo as patas*

FAMÍLIA *Theraphosidae*

HABITAT *Florestas, encostas e desertos, especialmente em climas quentes*

DISTRIBUIÇÃO *Américas do Norte e do Sul, África, Ásia, Oriente Médio, Austrália, Nova Zelândia e Europa*

Conheça a família

Mais de oitocentas espécies de aranhas-caranguejeiras são conhecidas em todo o mundo.

ARANHA-VIOLINISTA

Loxosceles reclusa

Ah, a pobre e incompreendida reclusa-castanha. Essa aranha despretensiosa, também chamada de aranha-violinista, é culpada por todo tipo de pústula, bolha e erupção que pode afetar uma pessoa. De acordo com artigos em revistas médicas, a aranha-violinista já foi responsabilizada por infecções por estafilococos, herpes, cobreiro, linfoma, úlceras relacionadas ao diabetes, queimaduras químicas e até reações alérgicas a medicamentos prescritos. Os aracnologistas insistem que só existem duas maneiras de diagnosticar com precisão uma picada dela: capturar a aranha no ato e mandar identificá-la ou pedir para um dermatologista fazer biópsia de uma ferida de picada recente. Sem essa evidência, é bem provável que a lesão dolorosa e necrosada que faz alguém correr para o médico tenha sido causada por alguma outra coisa que não a temida aranha, e o diagnóstico incorreto muitas vezes é mais mortal do que a própria picada do bicho.

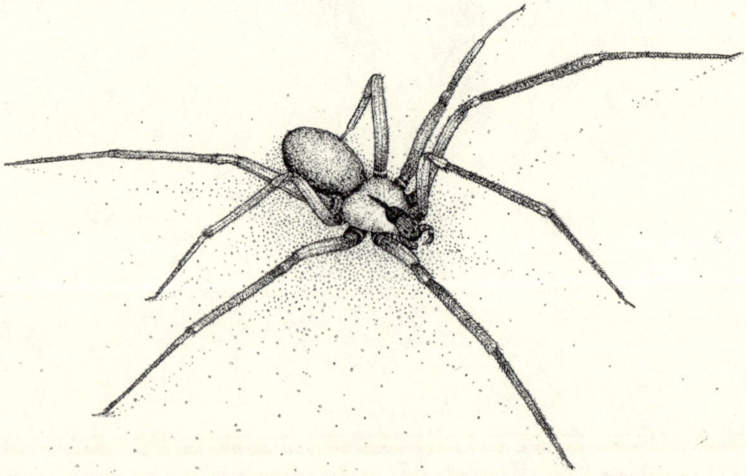

Isso não quer dizer que a aranha-violinista não pique, nem que sua picada não seja dolorosa. Uma picada grave dela se manifesta como uma úlcera na pele, feia e inchada, com tecido morto no centro, formando um desenho de alvo vermelho, branco e azul, com uma área vermelha dolorida em volta da borda, depois um círculo branco onde o fluxo sanguíneo é restrito, e em seguida uma mancha cinza-azulada no centro que representa a carne morta. Ao contrário dos rumores, a maioria das pessoas se recupera dessas feridas rapidamente, com apenas os casos mais graves durando um ou dois meses. Embora existam notícias de mortes causadas por picadas da reclusa-castanha, esses relatos são contestados por alguns dos principais especialistas em aranhas-violinistas do país.

Uma família no Kansas pegou mais de duas mil aranhas-violinistas dentro e em volta de casa. Incrivelmente, ninguém foi picado.

Qual é a causa do número de picadas de reclusa-castanha diagnosticadas incorretamente? A própria aranha era praticamente desconhecida até a segunda metade do século XX, quando um punhado de reportagens colocou a culpa de ferimentos misteriosos nela. Agora, parece que todas as pessoas com um machucado sem explicação conseguem encontrar uma pequena aranha castanha por perto. A aranha-violinista é facilmente confundida com outras espécies: vários aracnídeos se parecem com ela, e até têm a mesma marca em forma de violino nas costas. A única maneira de identificar com precisão uma delas é olhando profundamente em seus olhos: elas têm seis, dispostos em três pares. Os especialistas também procuram um abdômen uniformemente castanho e coberto com pelos finos, patas da mesma cor, lisas e de tamanho pequeno (o corpo não tem mais do que 9,5 milímetros de comprimento).

As aranhas do gênero *Loxosceles* são encontradas nas áreas central e sul dos Estados Unidos, mas relatos de suas picadas perduram no país inteiro. Até hoje, a L. reclusa só foi identificada positivamente em dezesseis estados norte-americanos: Texas, Oklahoma, Kansas, Missouri, Arkansas, Louisiana, Mississippi, Alabama, Tennessee, Kentucky e partes de estados vizinhos, incluindo Nebraska, Iowa, Illinois, Indiana, Ohio e Georgia. Algumas outras espécies, incluindo *L. deserta, arizonica, apachea, blanda*, e *devia*, foram encontradas ao longo da fronteira do México com Texas, Novo México, Arizona e partes do interior do sul da Califórnia, mas nenhuma dessas é a verdadeira reclusa-castanha.

Relatos da aranha em outras partes do país são tão persistentes que aracnologistas frustrados já ofereceram recompensas a qualquer pessoa que pudesse lhes enviar uma aranha-violinista verdadeira de uma área onde não se sabe que elas vivam. Um cientista da Califórnia chamou o desafio de "Mostre a Aranha". Após anos tentando localizar uma delas no estado, entomologistas da Universidade da Califórnia declararam que a aranha definitivamente não vive lá.

Para as pessoas que moram em lugares onde ela é encontrada, pode ser perturbador perceber quantas vivem por perto. Uma família no Kansas pegou mais de duas mil aranhas-violinistas dentro e em volta de casa em apenas seis meses. Incrivelmente, ninguém foi picado nos seis anos em que moraram lá. Uma reclusa geralmente não pica, a não ser que seja literalmente forçada contra a pele. Por esse motivo, o melhor conselho que especialistas podem dar é sacudir os equipamentos de camping, bem como roupas de cama e roupas que ficaram guardadas ou amassadas no chão por muito tempo. Evitem a reclusa, dizem eles, e a reclusa os evitará.

TAMANHO *Até 9,5 mm*

FAMÍLIA *Sicariidae*

HABITAT *Locais secos, protegidos e não perturbados, como pilhas de lenha, galpões e vegetação rasteira*

DISTRIBUIÇÃO *Centro e Sul dos Estados Unidos*

Conheça a família

Aranhas-violinistas são parentes de outro gênero de aranhas de seis olhos, chamado de aranha-da-areia de seis olhos. Essas aranhas são conhecidas por seu veneno necrótico.

BARATA

Blattella germanica

O conjunto habitacional de Carmelitos, no sul da Califórnia, foi inaugurado com grande alarde em 1940. Uma banda tocou o hino nacional norte-americano, uma bandeira foi hasteada e discursos foram feitos exaltando as virtudes dessa "nova forma de viver". Um artigo escrito por um novo morador proclamava "Tio Sam é meu senhorio!". Não era um conjunto habitacional típico: os pequenos apartamentos tipo casa geminada, cada um com seu próprio gramadinho, pareciam mais bangalôs de férias do que moradias populares para os pobres. Esse enorme complexo, com 712 apartamentos ao todo, foi um dos primeiros do tipo a oferecer às pessoas uma saída das profundezas da Grande Depressão.

Vinte anos depois, oficiais de saúde perceberam um padrão perturbador vindo do enorme desenvolvimento: quase 40% de todos os casos de hepatite A da comunidade vinha do conjunto habitacional de Carmelitos. Na época, uma equipe de cientistas da UCLA estava testando um novo inseticida relativamente seguro que haviam desenvolvido. Ele se chamava "Dri-die", um pó de sílica que rachava a cutícula cerosa do corpo das baratas, fazendo-as secar e morrer. A equipe da UCLA testou o novo inseticida no Carmelitos com resultados impressionantes: 70% das baratas morreram. E enquanto os casos de hepatite A continuaram crescendo na comunidade ao redor, eles foram quase completamente eliminados no Carmelitos. Livrar-se das baratas salvou os moradores de uma doença terrível.

"As baratas estão entre os insetos mais temidos", disse I. Barry Tarshis da UCLA ao anunciar os resultados. "Mas isso se deve ao fato de elas serem tão associadas à sujeira, serem difíceis de eliminar e terem aspecto repugnante. Agora temos provas de que o nojo que as pessoas sentem delas é mais do que um mero preconceito."

As baratas são um dos insetos mais antigos do planeta, datando de 350 milhões de anos.

Antes desse estudo, havia poucas evidências que comprovassem que as baratas transmitem doenças. Hoje, os funcionários de saúde pública sabem que, pelo fato de as baratas viverem dentro e em torno de habitações humanas e exibirem “comportamento comunicativo” — o que significa que passam da sujeira ou da contaminação para os alimentos humanos —, elas podem transmitir doenças.

Como um dos insetos mais antigos do planeta, datando de 350 milhões de anos, as baratas há muito tempo são associadas aos humanos. Mas, na verdade, das quatro mil espécies conhecidas, 95% delas vivem totalmente longe dos humanos, em florestas, debaixo de troncos, em cavernas, debaixo de pedras no deserto e em habitats úmidos e escuros perto de lagos e rios. Os 5% que vivem perto das pessoas parecem ser universalmente odiados por uma série de motivos.

As baratas não têm dificuldade de entrar em nenhuma casa. Elas têm asas e algumas espécies são capazes de voos curtos. Podem pousar em uma porta e esperar que ela se abra para entrar ou se esgueirar por qualquer fresta ou abertura. Se vão ficar ou não, vai depender inteiramente da limpeza da casa. Elas amam uma cozinha e banheiro bagunçados e, uma vez que entram em um conjunto de apartamentos, o encanamento, esgoto e fiação elétrica compartilhados entre várias residências possibilitam que facilmente passem de uma para a outra sem precisarem sair. Um estudo mostrou que baratas no Arizona atravessavam centenas de metros através de sistemas de esgoto para entrar em uma casa. Depois que o fazem, elas exalam um odor repulsivo e bolorento.

Elas são onívoras e possuem o que os cientistas chamam de "aparelhos bucais de mastigação não especializados", o que facilita que convivam com humanos e se alimentem de uma grande variedade do nosso lixo. Alimentos derramados, lixo e esgoto atraem baratas, mas elas mastigam até encadernação de livros e goma de selos. Entomologistas médicos relataram que elas se alimentam de "unhas, cílios, pele, calos das mãos e dos pés e resíduos de comida nos rostos de humanos adormecidos".

Todo esse vaivém entre pessoas, comida e lixo significa que as baratas trazem consigo uma série de patógenos, incluindo *Escherichia coli*, salmonela, lepra, febre tifoide, disenteria, peste, ancilostomíase, hepatite, estafilococo e estreptococo. Quando se alimentam, muitas vezes as baratas regurgitam um pouco de comida, deixando para trás pedaços de sua última refeição enquanto comem a próxima. Elas também defecam enquanto se locomovem e se alimentam, depositando minúsculos excrementos marrons como pequenos grãos de pimenta, e tudo isso facilita a propagação de doenças.

Se isso já não fosse ruim o bastante, metade de todas as pessoas que têm asma são alérgicas a baratas, e 10% das pessoas que não têm alergia também possuem algum tipo de sensibilidade a esses insetos, com as reações mais graves provocando choque anafilático. Os alérgenos das baratas podem sobreviver às medidas de limpeza mais minuciosas, incluindo água fervente, mudanças de pH e luz ultravioleta. Curiosamente, uma alergia a baratas também pode causar reações cruzadas com caranguejos, lagostas, camarões e lagostins, além de ácaros e outros insetos.

Mas talvez o encontro mais temido entre baratas e humanos seja a lendária infestação no ouvido. Embora pareça horrível demais para ser mais do que apenas uma lenda urbana, casos de baratas alemãs entrando nos ouvidos das pessoas e ficando presas já foram bastante documentados na literatura médica. Os médicos dos prontos-socorros podem colocar óleo no ouvido para afogar as baratas, mas muitas vezes têm dificuldade

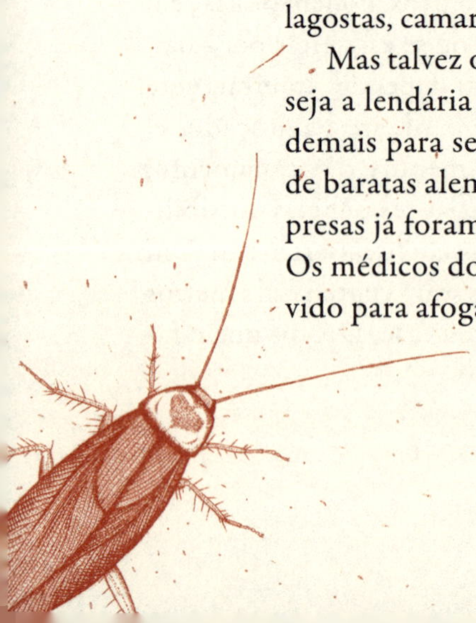

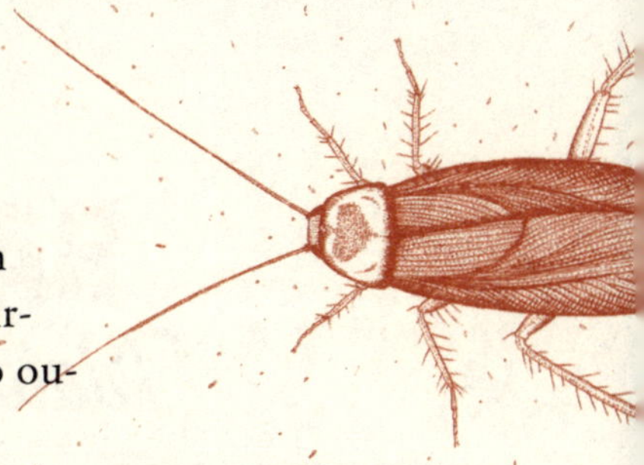

de extraí-las depois. Alguns médicos utilizam um jato de lidocaína, o que deixa a barata tão irritada que a faz sair correndo do ouvido para o outro lado do recinto.

As tentativas de eliminar as baratas de casa muitas vezes levam a ainda mais problemas de saúde: epidemiologistas observaram que o aumento no uso doméstico de pesticidas e a exposição geral aos produtos químicos resultantes desse uso pode representar um perigo mais sério do que os próprios insetos. Existem iscas mais seguras para baratas, mas limpeza e uma casa bem vedada são as melhores defesas. Um estudo recente mostrou que o "suco" de baratas mortas era um repelente eficaz contra elas, mas é improvável que isso se popularize como remédio caseiro.

TAMANHO *Até 15 mm*

FAMÍLIA *Blattellidae*

HABITAT *Vive principalmente ao redor de humanos em casas e prédios*

DISTRIBUIÇÃO *Mundo todo*

Conheça a família

Existem aproximadamente quatro mil espécies no mundo todo. Periplaneta americana, *a barata-americana, é uma barata muito grande encontrada em todo o sul dos Estados Unidos e partes da Costa Leste.*

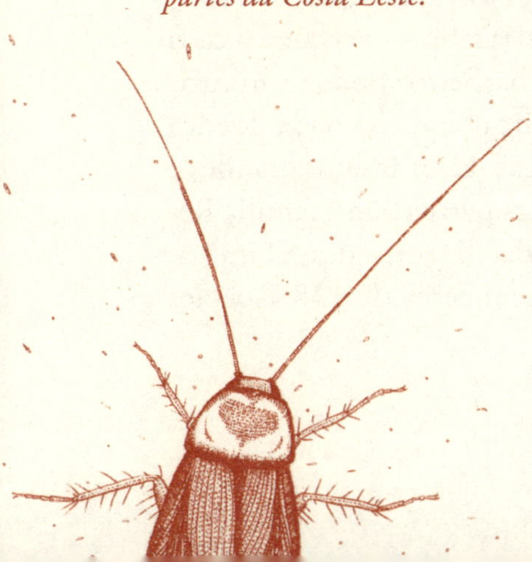

BARBEIRO
Triatoma infestans

Em 1835, um jovem Charles Darwin registrou um estranho encontro com um inseto na Argentina. Ele estava perto do fim de sua viagem a bordo do HMS *Beagle,* um navio da marinha britânica encarregado de inspecionar a América do Sul. Darwin fora contratado na função de companheiro acadêmico do capitão e naturalista do navio. A viagem já tinha sido cheia de perigos: o capitão era instável e mal-humorado, a tripulação foi atacada e roubada e quase todo mundo foi assolado por doenças ou fome em algum ponto. Então, no dia 25 de março, o próprio Darwin foi o jantar de um dos insetos sugadores de sangue da região. Ele escreveu em seu diário: "À noite, fui vítima de um ataque (pois não merece outro nome) do Benchuca, uma espécie de Reduvius, o grande inseto escuro dos pampas. É a coisa mais repugnante sentir bichos macios e sem asas, de mais de dois centímetros, rastejando sobre seu corpo".

Ele também relatou um experimento no qual vários de seus companheiros de bordo se ofereceram às feras sanguinárias: "Quando colocado sobre uma mesa, apesar de cercado de pessoas, se um dedo fosse oferecido, o ousado inseto imediatamente projetava seu sugador, atacava e, se deixassem, tirava sangue... Esse único banquete, pelo qual o benchuca deveria agradecer a um dos oficiais, o manteve gordo por quatro meses inteiros, mas, após quinze dias, ele já estava pronto para sugar de novo".

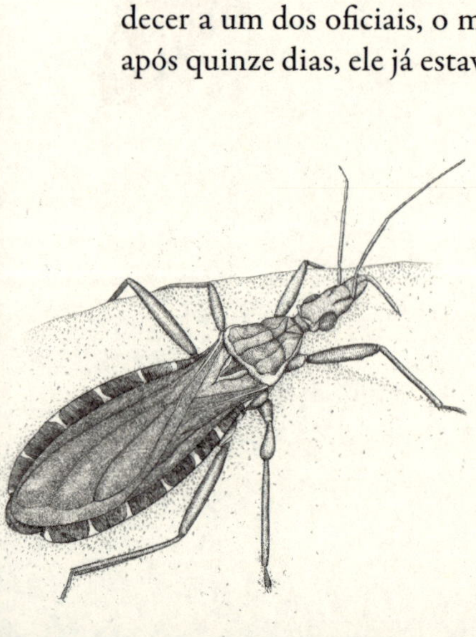

O que Darwin não sabia — e ninguém na época sabia — era que a picada de alguns barbeiros pode transmitir uma doença fatal chamada doença de Chagas. Esses insetos grandes e ovalados pertencem à família Reduviidae. Dentro dessa família, existem cerca de 138 espécies sugadoras de sangue do gênero *Triatoma* em todo o mundo, metade das quais são conhecidas por transmitir a doença. A maioria é encontrada nas Américas do Norte e do Sul, embora existam algumas espécies na Índia e no Sudeste Asiático. Eles vivem confortavelmente ao lado dos hospedeiros, escondendo-se em tocas e ninhos e se alimentando de pequenos roedores ou morcegos. Também não se acanham de se mudarem para casas e celeiros. Em algumas partes da América Latina, onde folhas de palmeira são usadas como material para telhados, os insetos são introduzidos sem querer nas residências locais através dos ovos presos nas folhas.

Os barbeiros passam por cinco estágios de ninfa até a idade adulta, bebendo até nove vezes seu peso em sangue durante uma única refeição. Uma fêmea adulta pode viver seis meses, e nesse período ela bota de cem a seiscentos ovos, dependendo de quanto sangue ela consumir.

Na maioria dos casos, a picada do barbeiro não causa dor alguma. Ele pode se alimentar por apenas alguns minutos ou até por meia hora, ficando com o corpo ingurgitado ao beber. Uma casa com infestação grave pode conter centenas desses insetos, e nesse caso não seria incomum que até vinte deles se alimentassem da mesma pessoa, retirando de um a três mililitros de sangue por noite. Os profissionais de saúde que visitam as casas dos pacientes reconhecem as piores infestações desses bichos pelas rajadas pretas e brancas de resíduos escorrendo pelas paredes.

A preferência do barbeiro por se alimentar em volta da boca da vítima lhe conferiu o apelido de "inseto beijoqueiro". Infelizmente, pode ser o beijo da morte. Em 1908, um médico brasileiro chamado Carlos Chagas estava pesquisando a malária quando observou um inseto sugador de sangue e decidiu descobrir se ele estava carregando algum micróbio causador de doenças. O que ele encontrou foi um parasita protozoário chamado *Trypanosoma cruzi*, que o inseto ingere durante a refeição. O parasita se desenvolve e se multiplica dentro do intestino do inseto, e em seguida é excretado em suas fezes. As pessoas se infectam com a doença não pela picada em si, e sim pelas fezes depositadas na pele da vítima enquanto o inseto se alimenta. Coçar ou esfregar a picada empurra o resíduo para dentro da ferida, introduzindo-o na corrente sanguínea (os barbeiros da América do Norte esperam para ir ao banheiro cerca de meia hora após comerem, e a essa altura já se afastaram da vítima; isso ajuda a explicar por que a doença é menos comum nos Estados Unidos).

O mais notável na descoberta de Chagas é que ele encontrou a doença primeiro dentro do inseto vetor, depois passou a diagnosticar os humanos infectados com ela. Ao fazer isso, percebeu que havia se deparado com uma doença fatal que parecia ter ligação com a colonização. À medida que os colonizadores abriam terrenos na floresta e construíam cabanas de lama e palha, os barbeiros que já viviam ali e levavam a doença de um roedor a outro de repente se encontraram vivendo entre humanos, uma fonte fantástica de sangue quente e rico. Embora os moradores locais já tivessem nome para o inseto — alguns o chamavam de vinchuca, que significa "aquele que se deixa cair" do telhado, e outros o chamavam de *chirimacha*, que significa "aquele que teme o frio" — a doença provocada por ele estava apenas começando a se disseminar na época em que Chagas a descobriu.

A preferência do barbeiro por se alimentar em volta da boca da vítima lhe conferiu o apelido de "inseto beijoqueiro". Infelizmente, pode ser o beijo da morte.

As pessoas picadas em torno dos olhos desenvolvem um inchaço terrível. Picadas em outros locais do corpo resultam em pequenas feridas que provocam febre e gânglios linfáticos inchados. A doença pode matar nos estágios iniciais, mas a maioria das pessoas passa por uma fase assintomática, seguida por extensos danos ao coração, intestinos e outros órgãos importantes, o que pode acabar sendo fatal. Nos Estados Unidos, cerca de trezentas mil pessoas vivem com doença de Chagas, e de oito a onze milhões de pessoas sofrem dela na América Latina. Embora o tratamento precoce possa matar os parasitas, não existe tratamento para os estágios posteriores.

Alguns historiadores especulam que Charles Darwin tenha se infectado com a doença de Chagas e morrido dela. Isso explicaria alguns dos problemas de saúde estranhos e complicados que o atormentaram ao longo da vida. No entanto, o fato de ele aparentemente ter sofrido alguns dos mesmos sintomas antes de encontrar o barbeiro na Argentina vai contra essa teoria. Os pedidos de exumação de seus restos mortais da Abadia de Westminster para teste de doença de Chagas foram negados, deixando a causa exata de seus problemas de saúde um mistério.

TAMANHO *15-25 mm*

FAMÍLIA *Reduviidae*

HABITAT *Geralmente encontrados perto das presas, o que pode significar casas, celeiros, ninhos, cavernas ou qualquer abrigo onde pássaros, roedores ou outros animais vivam*

DISTRIBUIÇÃO *América do Norte e do Sul, algumas espécies na Índia e Sudeste Asiático*

Conheça a família

O percevejo-de-crista, que se alimenta de lagartas e outras pragas de jardim, são um tipo de barbeiro. Outros parentes incluem os chamados "bichos da perna fina", um grupo de insetos magros e compridos cujas vítimas incluem aranhas e outros insetos.

BESOURO POTÓ

Paederus sp.

As fortes chuvas do El Niño em 1998 causaram mais do que enchentes em Nairóbi: o clima úmido provocou uma explosão dos besouros potó, também chamados de mosquitos de Nairóbi por sua grande associação com a região. Os besouros entram nas escolas e casas atraídos pela luz. Eles não mordem e não picam, portanto, sua presença seria apenas um pouco irritante, não fosse o fato de, quando as luzes se apagam, os bichinhos tendem a se soltar das lâmpadas e pousar em quem estiver sentado ou dormindo debaixo deles. A tendência natural quando isso acontece é dar um tapa no inseto, mas esmagá-lo libera um veneno surpreendentemente tóxico chamado pederina.

A princípio, não acontece nada de mais quando o veneno entra em contato com a pele. Porém, no dia seguinte uma erupção cutânea se desenvolve, e após alguns dias aparecem as bolhas. Leva algumas semanas para a pele exposta em carne viva começar a cicatrizar, e durante esse período as pessoas podem ter infecções se não mantiverem os ferimentos limpos. Um único besouro pode levantar um vergão na pele do tamanho de uma moeda de 25 centavos. Uma gota de seu veneno, se friccionada no olho, causa uma dor excruciante e cegueira temporária, uma condição chamada “olho de Nairóbi”. O problema no Quênia ficou tão sério que o Ministério da Saúde emitiu alertas pedindo aos

No Iraque, os insetos se aglomeram em volta das luzes onde as tropas estão estacionadas à noite.

cidadãos que deixassem as luzes apagadas à noite, dormissem debaixo de mosquiteiros e desenvolvessem o hábito de soprar os insetos para longe da pele, em vez de bater neles. As autoridades de saúde chamam essa estratégia de "espante, não esmague".

Surtos de dermatite do besouro potó têm sido um problema incômodo em bases militares do mundo todo, onde as luzes fortes atraem os insetos e os soldados podem não saber como evitá-los. No Iraque, os insetos se aglomeram em volta das luzes onde as tropas estão estacionadas à noite. Apesar de eletrocutadores de insetos serem amplamente usados em bases militares, na intenção de tornar a área imediatamente ao redor um lugar seguro para os soldados se reunirem, os besouros potó são atraídos pela luz dos eletrocutadores, mas não morrem com a descarga elétrica. Os soldados são incentivados a não arregaçarem as mangas e deixarem a camisa para dentro da calça, uma tarefa difícil no calor do deserto.

O besouro potó é uma criatura pequena e fina com segmentos vermelhos e pretos alternados, e tem élitros extremamente curtos que nem parecem asas (algumas espécies sequer são capazes de voar). Eles podem ser facilmente confundidos com tesourinhas ou formigas grandes. Embora esses besouros possam ser irritantes em grande número, eles atacam besouros menores, incluindo algumas pragas agrícolas sérias, então os agricultores geralmente gostam deles, apesar dos riscos que eles representam para os trabalhadores do campo.

Especula-se que o besouro potó seja a origem de uma misteriosa lenda sobre um pássaro que excretava fezes venenosas. Ctésias, um médico grego que escreveu um relato sobre a Índia no século V a.C., descreveu um veneno que apareceu nas fezes de um pequeno pássaro laranja. "Seu excremento tem uma propriedade peculiar", escreveu ele, "pois, se uma quantidade do tamanho de um grão de milhete for dissolvida em uma poção, será o suficiente para matar um homem ao cair da noite." Nenhum vestígio desse pássaro venenoso, que ele chamou de *dikairon*, jamais foi encontrado. Alguns historiadores especulam que o verdadeiro veneno não era cocô de passarinho, e sim o besouro potó laranja e preto, que às vezes vive em ninhos de aves e poderia ser confundido com fezes. Um besouro que se encaixa nessa descrição também era conhecido na medicina chinesa desde 739 d.C. por ter um veneno tão forte que seria capaz de remover tatuagens, furúnculos ou micose. É possível que ele também tenha um uso médico atualmente: o veneno, pederina, inibe o crescimento das células e está sendo investigado como um possível agente antitumoral para uso no tratamento do câncer.

TAMANHO *6 a 7 mm*

FAMÍLIA *Staphylinidae*

HABITAT *Ambientes úmidos, incluindo matas, prados e áreas aquáticas*

DISTRIBUIÇÃO *Encontrado quase no mundo todo, especialmente na Índia, Sudeste Asiático, China, Japão, Oriente Médio, Europa, África e Austrália*

Conheça a família

Existem cerca de 620 espécies de besouros potó no mundo todo. Eles fazem parte da família dos estafilinídeos, que inclui o besouro cocheiro-do-diabo, Ocypus olens, um grande escaravelho europeu de aparência ameaçadora e que morde quando provocado, mas que, fora isso, é inofensivo.

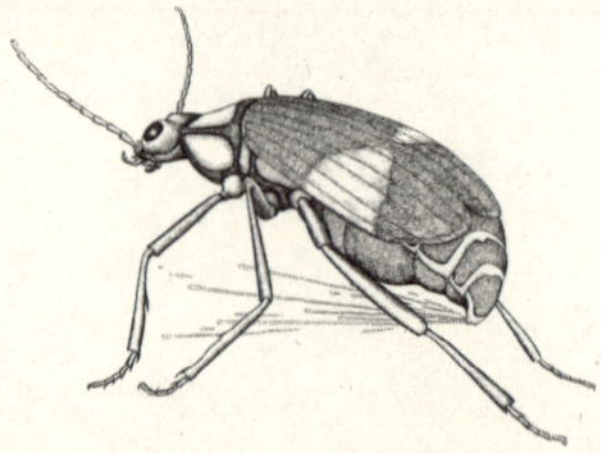

BESOURO-BOMBARDEIRO

Stenaptinus insignis

Quando Charles Darwin era um jovem rapaz em Cambridge, em 1828, descobriu sua paixão não na sala de aula, e sim do lado de fora. Como muitos jovens ingleses da época, ele era um ávido colecionador de besouros. Caçar insetos no interior da Inglaterra pode parecer um passatempo bastante tranquilo, mas Darwin conseguiu se meter em encrencas — e fazer uma descoberta interessante — durante uma de suas viagens ao campo.

"Um dia", escreveu ele, "arrancando cascas velhas de árvore, vi dois besouros raros e peguei um em cada mão. Depois, vi um terceiro de outro tipo que eu não poderia perder, então coloquei o que estava na mão direita dentro da boca. Ai! Ele expeliu um fluido intensamente acre que queimou minha língua e me forçou a cuspir fora o besouro, que se perdeu, assim como o terceiro."

O besouro que Darwin colocou na boca era, quase com certeza, uma espécie terrestre conhecida como besouro-bombardeiro. Ao segurar um desses insetos, ouve-se um estalo surpreendentemente alto, enquanto um jato quente e urticante é ejetado de uma estrutura parecida com uma artilharia na traseira do bicho.

Com a possível exceção de colecionadores confusos que armazenam insetos vivos na boca para resguardá-los, o besouro-bombardeiro representa pouca ameaça para humanos. No entanto, seus inimigos — formigas, besouros maiores, aranhas, até mesmo rãs e pássaros — voam apavorados quando o bombardeiro aponta sua mira.

O inseto atira repetidamente, como uma arma automática, ejetando de quinhentos a mil disparos por segundo no agressor.

O mecanismo com o qual envolve seu inimigo fascinaria qualquer fabricante de armas. Em uma glândula, o bombardeiro armazena hidroquinonas, um precursor do composto químico altamente irritante 1,4-benzoquinona, que ele lança nos inimigos. Há também nessa glândula peróxido de hidrogênio. Os dois não interagem, a não ser quando se misturam com um catalisador, e é exatamente isso que acontece quando o bombardeiro é atacado. O conteúdo do reservatório é forçado para uma câmara de reação e misturado com um catalisador, que transforma os elementos químicos e os aquece até o ponto de ebulição. A reação causa pressão suficiente para forçar o jato a sair da câmara de reação com um grande estalo. Sofisticadas gravações desse fenômeno mostram que os insetos atiram repetidamente, como uma arma automática, ejetando de quinhentos a mil disparos por segundo no agressor.

Ironicamente, o besouro que atacou Charles Darwin vem sendo usado para criticar sua teoria da evolução. Criacionistas e defensores do design inteligente alegam que o mecanismo de defesa do besouro é complexo demais para ter evoluído gradualmente. Em vez disso, afirmam que o sistema de câmaras é "irredutivelmente complexo", o que significa que as partes individuais não poderiam ter evoluído separadamente através de mutação genética para funcionar juntas de maneira tão extraordinariamente sofisticada. Uma afirmação muito repetida, mas equivocada, é que o peróxido de hidrogênio e as hidroquinonas são armazenadas separadamente no corpo do inseto e que, se fossem misturadas, ele explodiria, tornando impossível que as câmaras tivessem evoluído com o tempo. Entomologistas já apontaram o erro nessa descrição da anatomia do inseto. Na verdade, eles são armazenados juntos e misturados a um catalisador antes de atirar. Eles também salientam que os vários elementos do poder de fogo do besouro já estão presentes em muitas espécies, tornando seu poderoso armamento menos improvável do que possa parecer.

Cerca de quinhentas espécies de besouros-bombardeiros são encontradas debaixo de tábuas, cascas de árvore e pedras soltas por todo o mundo. À noite, eles andam ao ar livre, preferindo áreas úmidas. Graças ao seu elegante sistema de defesa, alguns podem viver vários anos. O bombardeiro africano, *Stenaptinus insignis*, é impressionante não só por suas marcas amarelas e pretas, mas também pela capacidade de girar a parte traseira em até 270 graus, permitindo-o atirar em quase qualquer direção e derrubar um agressor de costas.

TAMANHO *Até 20 mm*

FAMÍLIA *Carabidae*

HABITAT *Os besouros-bombardeiros vivem em uma variedade de habitats, de desertos a florestas*

DISTRIBUIÇÃO *América do Norte e do Sul, Europa, Austrália, Oriente Médio, África, Ásia e Nova Zelândia*

Conheça a família

Existem mais de três mil espécies nessa família, encontradas em todo o mundo.

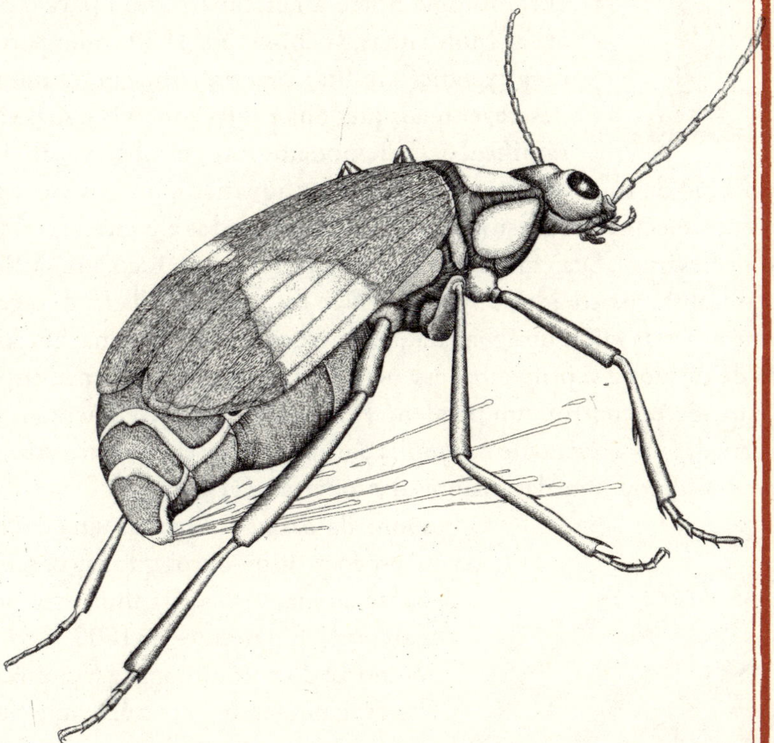

BESOURO-DA-BATATA

Leptinotarsa decemlineata

Thomas Say, frequentemente considerado o pai da entomologia norte-americana, viajou para o oeste até as Montanhas Rochosas em 1820 como parte de uma expedição militar. Seu trabalho era "examinar e descrever quaisquer objetos da zoologia e suas várias ramificações que podem ficar em observação. Uma classificação de todos os animais terrestres e aquáticos, insetos etc. e uma descrição específica dos restos de animais encontrados em estado concreto serão necessárias". Sua equipe era formada por um botânico, um geólogo, um naturalista assistente e um pintor. Não foi uma jornada fácil; o grupo enfrentou sérias faltas de água, ataques indígenas, doenças, machucados e perda de cavalos e suprimentos essenciais. Então não é nenhuma surpresa que, quando encontrou um pequeno besouro listrado se alimentando de uma erva daninha resistente da família das solanáceas, ele fez o registro, mas não o considerou uma das maiores descobertas da expedição.

O besouro-da-batata foi apenas uma das mais de mil espécies de besouros que Say descreveu durante a vida, mas só ganhou este nome mais tarde. Em meados de 1800, logo após a morte do entomologista, colonizadores se mudaram para a área que ele havia explorado e começaram a plantar lá. Quando os besouros se depararam com plantações de batata pela primeira vez, gradualmente abandonaram aquela erva daninha parente da batata da qual vinham se alimentando e passaram a trabalhar

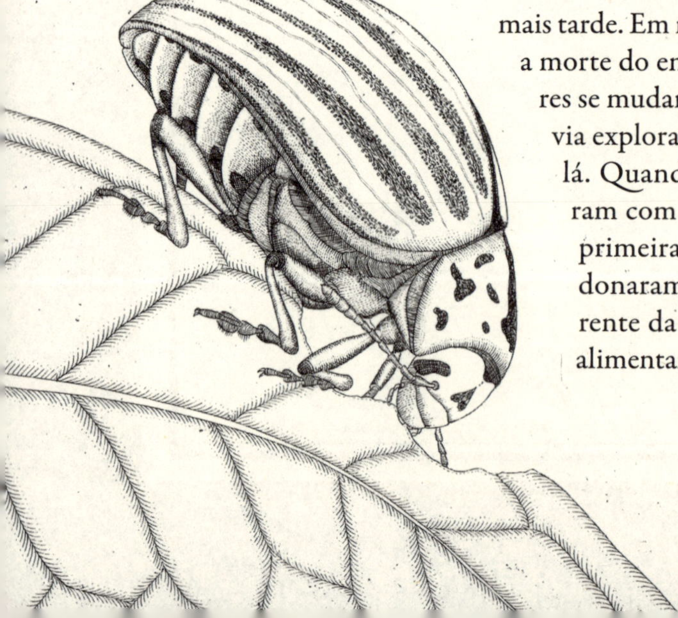

no tubérculo. Para horror dos colonos, logo ficou claro que os besouros podiam deixar a planta da batata sem folha alguma, dizimando toda a lavoura. Em seguida, os bichos passaram a comer outros integrantes da família das solanáceas, incluindo tomate, berinjela e até folhas de tabaco.

Os alemães acreditavam que os norte-americanos estavam jogando os besouros de aviões como forma de guerra agrícola aérea.

Os besouros se moveram rapidamente por todos os Estados Unidos, de Nebraska a Iowa até Missouri, Illinois, Michigan e Pensilvânia em um período de apenas quinze anos. Em 1875, uma popular revista de ciências observou que o besouro "causou tanto estrago e alarme nos Estados Unidos que a possibilidade de ele conseguir cruzar o Atlântico provocou quase um pânico em alguns países europeus".

O medo tinha fundamento. Países da Europa baniram a importação de batatas dos Estados Unidos para deter o besouro, mas na Primeira Guerra Mundial foi impossível evitar a importação acidental de pragas agrícolas, com as tropas norte-americanas marchando pelo continente. Agora o besouro percorre toda a Europa e importantes áreas agrícolas em grande parte do resto do mundo.

Alguns acusaram os norte-americanos de espalhar a praga deliberadamente: um pôster de propaganda alemã da Segunda Guerra mostra besouros-da-batata com listras vermelhas, brancas e azuis avançando por um campo como soldados. Os alemães acreditavam que os norte-americanos estavam jogando os besouros de aviões como forma de guerra agrícola aérea. Eles criaram o termo *Amikäfer* — uma mistura das palavras em alemão para "americano" e "besouro" — para descrever esse inseto inimigo. Um pôster diz "Pare Amikäfer", e outro alerta que o besouro norte-americano do mal "ameaça destruir nossas plantações" e incentiva os cidadãos a *kampf für den frieden* — lutar pela nossa paz.

Este besouro brilhante, listrado de amarelo e marrom, é ligeiramente maior que uma joaninha. Um besouro-da-batata fêmea coloca até três mil ovos em sua curta vida, geralmente produzindo três gerações de besouros em uma única estação. Os que nascem no fim da estação conseguem sobreviver confortavelmente ao inverno e surgir no começo do ano seguinte para começar o ciclo outra vez. Agricultores bombardearam os besouros com uma quantidade impressionante de pesticidas nos últimos 150 anos e descobriram que os insetos rapidamente se tornam resistentes aos produtos químicos. Isso se deve em parte às suas prolíficas taxas de reprodução; com três mil descendentes, um deles está fadado a nascer com uma mutação que o ajuda a resistir a um pesticida. Além disso, o fato de os insetos se alimentarem das folhas das solanáceas, que por si só são bastante tóxicas, sugere algum nível de resistência a venenos.

TAMANHO *9,5 mm*

FAMÍLIA *Chrysomelidae*

HABITAT *Fazendas, campos e prados com solanáceas em abundância*

DISTRIBUIÇÃO *América do Norte, Europa, Ásia e Oriente Médio*

Conheça a família

Integrante da família comumente conhecida como besouros de folhas, que inclui besouros do pepino, do aspargo e outras temidas pragas agrícolas.

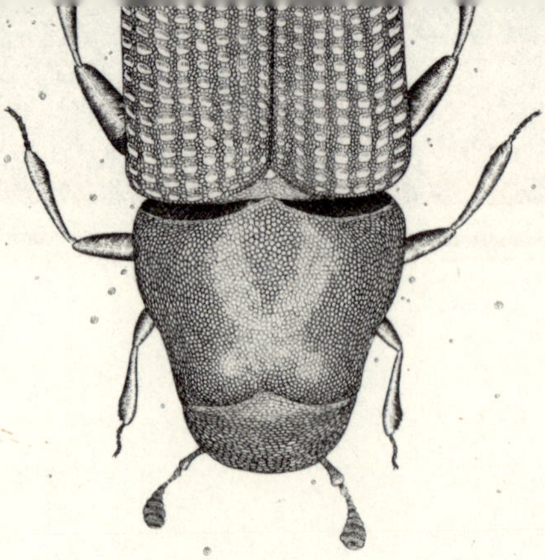

BESOURO-DO-PINHEIRO

Dendroctonus ponderosae

Em um artigo intitulado "Quanto nos Custa a Depredação dos Insetos", o *New York Times* declarou que o valor combinado de todas as coisas destruídas por insetos custaria o equivalente a todo o orçamento federal dos Estados Unidos e o de vários países europeus também. O besouro-do-pinheiro foi um dos vários que "deixaram um rastro de destruição" pelas florestas norte-americanas, enfiando-se debaixo das cascas, cavando túneis na madeira e "deixando milhões de dólares em madeira em condições decadentes e inúteis".

Quando essa notícia alarmante chegou ao público norte-americano? 1907. Nos anos 1930, uma guerra em grande escala estava acontecendo no oeste do país, com o Congresso se apropriando de milhões de dólares para pesquisar e combater o inseto que estava devorando as florestas. Mas esse esforço do Congresso não foi páreo para o besouro-do-pinheiro: nos anos 1980, o *Times* novamente noticiou que o inseto estava devastando as florestas dos Estados Unidos, destruindo quase 1,5 milhão de hectares no Oeste americano. E 2009 foi ainda pior, com mais de 2,5 milhões de hectares destruídos no país e mais de 14 milhões de hectares na Colúmbia Britânica, uma área aproximadamente do tamanho do estado de Nova York.

O besouro-do-pinheiro, uma criatura do tamanho de um grão de arroz, enterra-se na casca da árvore até chegar ao tecido vivo. Lá, a fêmea come e põe seus ovos, enviando um feromônio a outros besouros para avisar que encontrou uma árvore boa. A árvore tenta lutar, excretando uma resina grudenta que pode matar os besouros, mas essa defesa geralmente não é suficiente. Conforme se enfiam na árvore, os insetos transmitem fungos de coloração azul, que essencialmente obstruem o tecido da árvore, impossibilitando o transporte de água até a copa das folhas.

As larvas passam o inverno sob a casca, mantendo-se aquecidas ao transformarem carboidratos em glicerol, que atua como uma espécie de anticongelante e impede que morram congeladas. Na primavera, o glicerol é convertido de volta em carboidratos e serve como fonte de energia enquanto elas viram pupa embaixo da casca. Elas emergem adultas em julho, acasalam-se rapidamente e completam o ciclo. Os besouros-do-pinheiro vivem por um ano, passando quase todos os dias desse tempo sob a casca de uma árvore.

Em uma floresta típica, os besouros começam atacando árvores velhas, fracas ou doentes. Ao irem atrás das árvores mais velhas primeiro, os besouros na verdade ajudam a "reciclar" árvores envelhecidas e abrir espaço para a próxima geração. Mas muitos engenheiros florestais concordam que décadas de combate aos incêndios levaram a florestas com densas populações de árvores mais velhas, em vez de uma mistura diversificada de gerações. Agora, todas essas árvores mais velhas estão sendo atacadas ao mesmo tempo. Um congelamento longo e intenso poderia matar as larvas hibernando sob a casca, mas os invernos recentes, mais quentes, facilitaram a sobrevivência e a reprodução de grandes populações.

A devastação causada pelo besouro-do-pinheiro é fácil de ser vista do alto. As árvores doentes ficam avermelhadas à medida que morrem, fazendo o que antes era uma floresta de pinheiros verde e vibrante parecer os bosques da Nova Inglaterra no outono. Infelizmente, não existe uma maneira boa de controlar os besouros: os predadores naturais, como o pica-pau, desempenham um papel limitado, mas não conseguem conter um surto; os controles químicos têm custo proibitivo; e tratamentos demorados, como remover a casca para expor (e matar) as larvas, não são práticos em grande escala. Em vez disso, os engenheiros florestais têm se concentrado na prevenção, incluindo o desbaste de árvores, e permitindo alguns incêndios naturais para estimular uma floresta de idades diversificadas. A pergunta que fica é o que fazer com as árvores doentes. Alguns especialistas sugeriram transformá-las em lascas de madeira que podem ser usadas para produzir etanol ou prensá-las em pellets para abastecer fogões. Em Vancouver, onde o ataque dos besouros foi maior, a arena dos Jogos Olímpicos de Inverno de 2010 tinha um telhado construído com mais de 92 mil metros quadrados de madeira infestada por besouros-do-pinheiro.

TAMANHO *3 a 8 mm*

FAMÍLIA *Curculionidae*

HABITAT *Florestas de pinheiros*

DISTRIBUIÇÃO *Encontrado em toda a América do Norte, desde o Novo México, Colorado, Wyoming e Montana até a Costa Oeste. No Canadá, é encontrado na Colúmbia Britânica e partes de Alberta.*

Conheça a família

*Parente de uma grande variedade de outros besouros e gorgulhos destruidores, incluindo o besouro-do-pinheiro do sul (*Dendroctonus frontalis*), encontrado em toda a América Central e no sul dos Estados Unidos, e o besouro da casca do abeto europeu (*Ips typographus*), que devastou florestas de abetos na Europa Central e Escandinávia.*

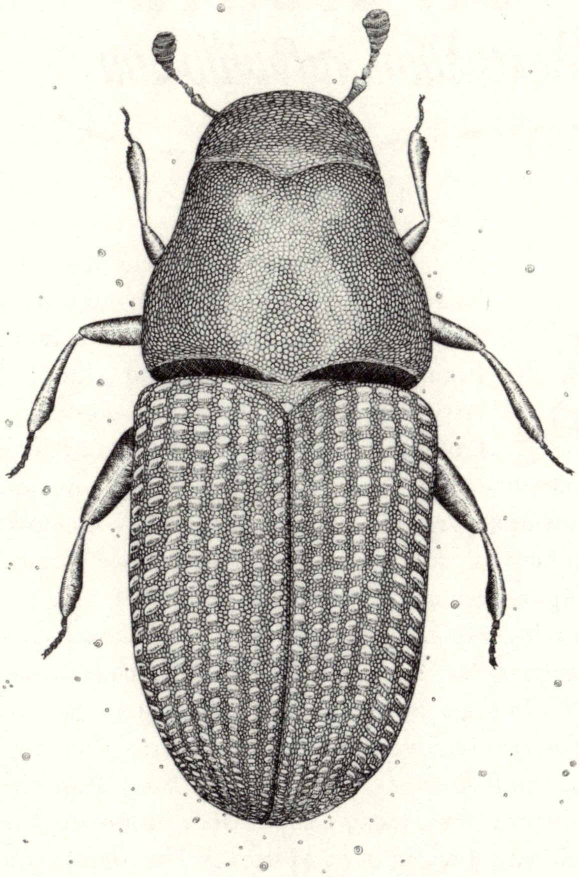

BESOURO-RELÓGIO-DA-MORTE

Xestobium rufovillosum

"Agora, declaro, chegou aos meus ouvidos um barulho baixo, abafado, rápido, tal qual um relógio envolto em algodão. Eu conhecia bem aquele som também. Eram as batidas do coração do velho."

Assim diz o louco que narra o conto apavorante "O Coração Delator", de Edgar Allan Poe. Ele descreve sua vítima gemendo na noite ao ouvir a morte se aproximando. E qual era o som que mantinha o velho — e seu assassino — acordado à noite? "Ele continuava sentado na cama, escutando, assim como eu, noite após noite, atento aos relógios-da-morte na parede."

O besouro-relógio-da-morte a que Poe se referiu é um bicho que fica nas vigas de casas antigas, silenciosamente mastigando a madeira e chamando seu par com o barulhinho de tique-taque que faz ao bater a cabeça na madeira.

Francis Grose, em seu livro de 1790 *A Provincial Glossary; with a Collection of Local Proverbs, and Popular Superstitions* [Glossário provincial: uma coleção de provérbios locais e superstições populares], incluiu o besouro em sua lista de "Presságios da Morte". A lista começa com presságios como o uivo de um cachorro, um pedaço de carvão em formato de caixão e uma criança que não chora ao receber borrifos de água batismal. O besouro era mais um sinal de que o fim estava próximo: "O barulho de um relógio-da-morte é um presságio da morte de uma pessoa na casa onde é ouvido".

"Em seguida, o pavoroso tique-taque de um relógio-da-morte na parede da cabeceira da cama fez Tom estremecer: isso significava que os dias de alguém estavam contados."

Essa velha superstição persistiu. Observe a longa noite de Tom Sawyer esperando Huck Finn chegar para levá-lo ao cemitério: "Aos poucos, no silêncio, pequenos barulhos quase imperceptíveis começaram a se destacar. O tique-taque do relógio passou a chamar atenção. Velhas vigas começaram a estalar misteriosamente. As escadas rangeram baixinho. Era evidente que espíritos estavam presentes. Um ronco ritmado e abafado veio do quarto de tia Polly. E então o penoso canto de um grilo que humano nenhum conseguiria localizar começou. Em seguida, o pavoroso tique-taque de um relógio-da-morte na parede da cabeceira da cama fez Tom estremecer: isso significava que os dias de alguém estavam contados".

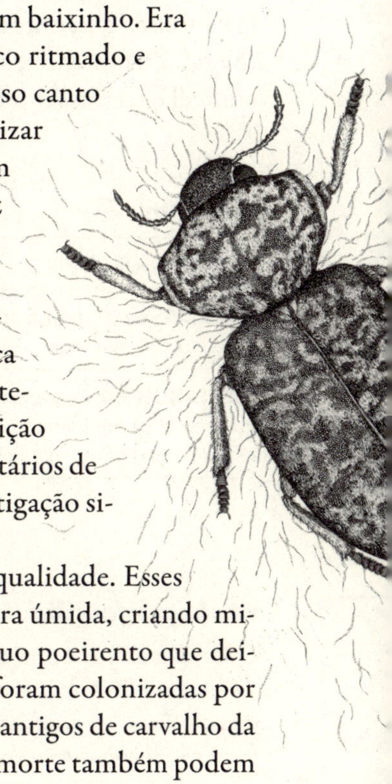

As larvas, em particular, são consumidoras vorazes de velhas construções úmidas. A famosa Biblioteca Bodleiana de Oxford recentemente precisou de um telhado novo para salvar seu teto decorado da destruição causada pelo apetite dessas criaturas. Muitos proprietários de casas viram as vigas virarem pó após décadas de mastigação silenciosa dessa praga destruidora.

Mas o som mórbido do besouro não é sua pior qualidade. Esses escaravelhos marrom-acinzentados perfuram madeira úmida, criando minúsculos buracos de entrada e saída cheios do resíduo poeirento que deixam para trás. Eles preferem madeiras de lei que já foram colonizadas por fungos, o que explica por que os magníficos edifícios antigos de carvalho da Inglaterra são tão atrativos. Os besouros-relógio-da-morte também podem ser encontrados em livros e pesadas mobílias antigas. Nas circunstâncias mais vantajosas, podem viver de cinco a sete anos, corroendo casas, catedrais e bibliotecas, além de levar os insones à loucura.

Uma entomologista que escreveu para a revista *Harper's* em 1861 talvez tenha se expressado melhor ao descrever uma viagem para visitar uma amiga no interior. "Na primeira noite, imaginei que tinha enlouquecido antes do amanhecer", disse ela. "As paredes do quarto eram forradas de papel, e delas batiam, por assim dizer, mil relógios: tique, tique, tique... Mas finalmente a bem-vinda manhã chegou, e logo cedo eu desci para a biblioteca. Até ali, todos os livros, em todas as prateleiras, estavam cheios daquele tique, tique, tique... A casa era um enorme relógio, com milhares de pêndulos batendo de manhã até a noite. Tive o cuidado de não deixar que meu grande desconforto incomodasse os outros. Pensei: o que eles podiam tolerar, certamente eu poderia; e em poucos dias o hábito transformou o temível e terrível tique-taque em uma necessidade positiva."

TAMANHO *7 mm*

FAMÍLIA *Anobiidae*

HABITAT *Madeira em decomposição em florestas ou vigas de edifícios antigos*

DISTRIBUIÇÃO *Essa espécie em particular é encontrada na Inglaterra, mas seus parentes estão espalhados pela Europa, América do Norte e Austrália*

Conheça a família

O besouro-do-fumo, Lasioderma serricorne, *o gorgulho da farinha,* Stegobium paniceum, *e outras pragas de móveis, livros e comida armazenada são parentes do besouro-relógio-da-morte.*

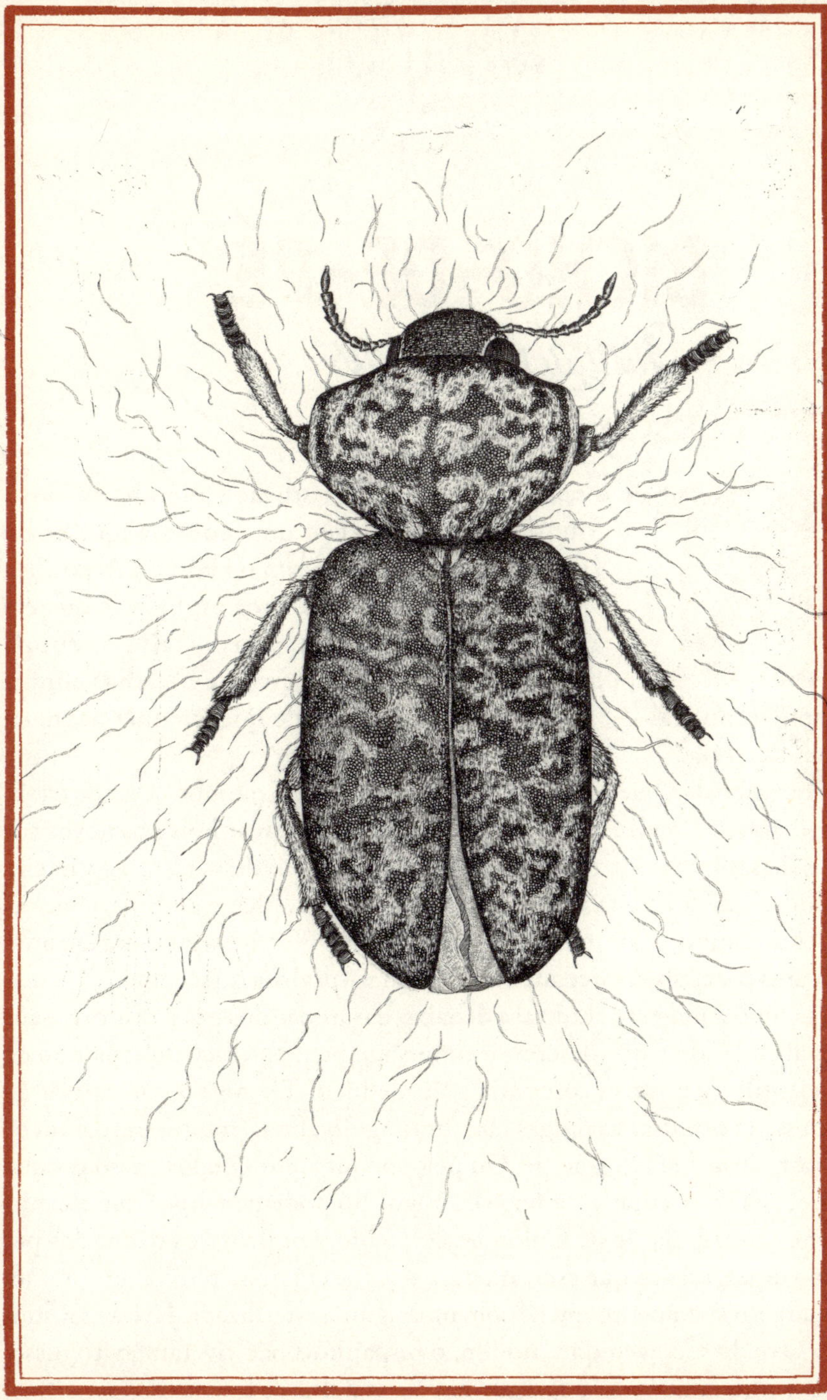

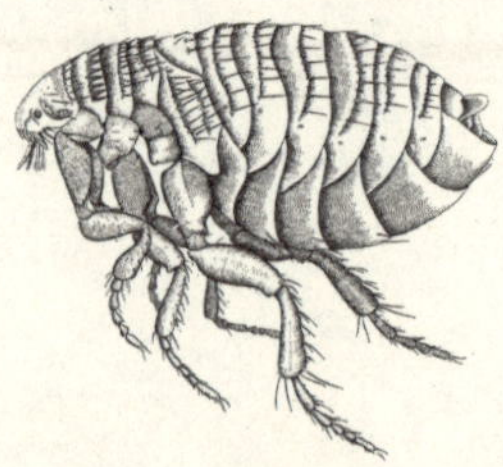

BICHO-DE-PÉ

Tunga penetrans

Na segunda viagem de Cristóvão Colombo ao Novo Mundo, ele estabeleceu uma colônia na ilha de Hispaniola, onde hoje ficam o Haiti e a República Dominicana. Entre os muitos problemas que ele e sua tripulação enfrentaram — falta de suprimentos, escassez de alimentos e batalhas contra a população local —, nada foi tão problemático quanto uma pequena pulga-de-areia.

Francisco de Oviedo, discutindo as viagens de Colombo cerca de trinta anos depois, escreveu: "Houve duas pragas que os espanhóis e os novos colonos dessas Índias sofreram, que são pragas naturais dessa terra. A primeira é a sífilis, que foi transferida e levada para a Espanha, e de lá para outras partes do mundo... e a outra é o bicho-de-pé". Ele prosseguiu explicando, com uma precisão surpreendente para um naturalista do século XVI, a maneira como a pulga se enterrava debaixo das unhas dos pés e colocava seus ovos ali, criando o que descreveu como "um pequeno saco do tamanho de uma lentilha e às vezes como um grão-de-bico". Ele notou que, apesar de ser possível expulsar as pulgas com uma agulha fina, "muitos perderam os pés por causa do bicho-de-pé. Ou pelo menos alguns dedos... isso porque foi necessário se curar com ferro ou fogo". Só podemos supor que ele quis dizer que a tripulação de Colombo cortou fora os próprios dedos dos pés de tão desesperados que estavam para se livrarem dessa terrível infestação. Apesar de o tratamento inicial com uma agulha esterilizada devesse ser simples, Oviedo escreveu que "no fim, os espanhóis não tiveram êxito nisso, assim como também não tiveram em curar a sífilis".

A tripulação de Colombo cortou fora os próprios dedos dos pés de tão desesperados que estavam para se livrarem dessa terrível infestação.

Um bicho-de-pé fêmea se enterra na pele de seu hospedeiro simplesmente rasgando-a, vivendo debaixo dela e jantando sangue até ficar do tamanho de uma ervilha. Ela não deixa a pele do hospedeiro cicatrizar, mantendo a ferida aberta para poder respirar e também para poder receber visitantes do sexo masculino quando está se sentindo amorosa. Às vezes, seu traseiro pode ser visto no centro da ferida como um pequeno ponto preto. Ela bota cerca de cem ovos na próxima semana ou duas, e, apesar de serem destinados à areia da praia de onde a pulga veio, os ovos tendem a grudar na ferida, tornando-se uma visão verdadeiramente terrível: aglomerados de minúsculos ovos brancos grudados a feridas purulentas. Se ficarem sem tratamento, os ovos acabam caindo no chão e, após a fêmea fixar residência por cerca de um mês, ela morre e cai da ferida também — mas não sem antes criar problemas sérios para o hospedeiro.

Turistas que se infestam com a pulga em alguma praia tropical geralmente não passam por todo esse ciclo de vida. Eles percebem uma lesão no pé e vão direto ao médico, onde ela pode ser cuidadosamente limpa e a pulga removida antes que os ovos sejam postos. Mas, em comunidades mais pobres, as pessoas podem viver com dezenas de lesões dessas nos pés, resultando em infecções crônicas, gangrena e até a perda de dedos. Devido ao fato de as pulgas infestarem tanto pessoas quanto animais, quem vive em contato próximo com roedores ou gado enfrenta bem mais infestações do que turistas passeando na praia.

Um estudo recente em uma comunidade no Nordeste do Brasil mostrou que cerca de um terço dela estava infestada com as pulgas, uma condição chamada tungíase. Algumas pessoas tinham mais de cem lesões nos pés, mãos e peito. As infestações estavam tão graves que muitos deles tinham dificuldade de andar ou segurar qualquer coisa nas mãos. Eles perderam unhas inteiras dos dedos das mãos e dos pés. Os pesquisadores fizeram questão de mencionar que os médicos locais não observavam nem tratavam parasitas como o bicho-de-pé a menos que lhes pedissem de maneira específica. Apesar de a ideia de um médico ignorar dezenas de feridas com ovos de parasitas parecer impossível, isso mostra o quanto a infestação é comum.

O tratamento para as pessoas que participaram do estudo consistiu em uma simples limpeza, um tubo de pomada e, de presente, um par de tênis para cada paciente, com a forte recomendação de que os calçassem.

TAMANHO *1 mm*

FAMÍLIA *Tungidae*

HABITAT *Prefere solo arenoso e quente de desertos e praias*

DISTRIBUIÇÃO *Regiões tropicais de todo o mundo, incluindo América Latina, Índia, África e Caribe*

Conheça a família

Parentes de outras minúsculas pulgas que infestam aves e mamíferos, principalmente na América do Sul.

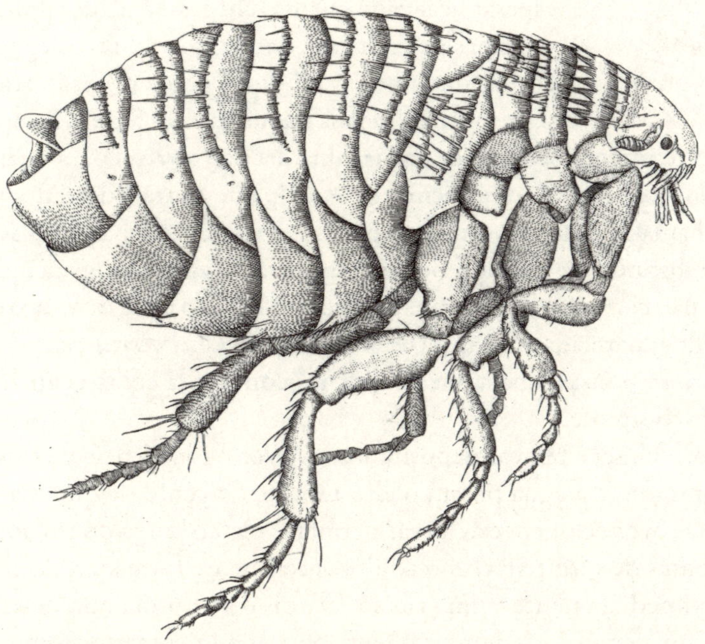

BORRACHUDO

Simulium damnosum

Ainda na década de 1970, um terço dos aldeões que viviam ao longo dos rios da África Ocidental podia esperar ficar cego quando chegasse à idade adulta. Fotografias de crianças conduzindo adultos cegos com cordas demonstravam que a perda da visão era uma parte normal da vida naqueles vales férteis. Essas áreas acabaram tendo que ser abandonadas, uma decisão terrível para quem dependia do rico solo para a agricultura. A culpa dessa tragédia é do borrachudo, chamado de um dos "insetos picadores de pessoas mais persistentes e desmoralizantes do mundo" por um importante entomologista médico. Mas eles não carregam essa culpa sozinhos. O bizarro ciclo de vida de uma criatura fina, parecida com um verme, chamada *Onchocerca volvulus*, é o verdadeiro responsável pela terrível doença conhecida como cegueira dos rios ou oncocercose.

Os borrachudos fêmeas depositam seus ovos na superfície de rios com corredeiras, onde a água possui o alto teor de oxigênio de que sua prole precisa. Os ovos eclodem e as larvas permanecem ao longo do rio por uma semana antes de surgirem como adultos totalmente formados. As fêmeas acasalam imediatamente e uma vez só; depois disso, procuram desesperadamente uma criatura de sangue quente para se alimentarem. Somente ao beber o sangue de uma pessoa ou animal elas conseguem obter nutrição suficiente para alimentar seus ovos. Elas vivem por um mês, botando seus ovos no rio para perpetuar o ciclo. Alguns rios podem produzir um bilhão de borrachudos por quilometro de leito em um único dia.

Os borrachudos são "comedores determinados", o que significa que se fixam na vítima e se recusam a ir embora até ficarem satisfeitos. Uma pessoa atacada em área de grande infestação pode esperar levar centenas de picadas

Em 1923, ao longo do rio Danúbio, no sul das montanhas dos Cárpatos, um enxame feroz deixou 22 mil animais mortos.

em uma hora. Em alguns casos, as moscas se enxameiam de maneira tão densa, entrando nos ouvidos, nariz, olhos e boca, que um animal pode sufocar ou cair de um penhasco na tentativa de escapar. Os borrachudos até já mataram animais por exsanguinação ou drenagem do sangue. Durante um enorme ataque, o choque ao sistema provocado pelas várias substâncias encontradas em sua saliva, uma condição chamada simuliotoxicose, também pode matar um animal em poucas horas. Em 1923, ao longo do rio Danúbio, no sul das montanhas dos Cárpatos, um enxame feroz deixou 22 mil animais mortos.

Mas o fato mais notável da vida curta e sanguinária do borrachudo é que, se por acaso ele se banquetear com o sangue de uma pessoa infectada com um nematoide parasita chamado *Onchocerca volvulus*, ele participa de um estranho e complicado ciclo de transmissão de doenças.

Os jovens nematoides, chamados de microfilárias durante sua fase larval inicial, não conseguem crescer e se desenvolver enquanto estiverem nadando na corrente sanguínea de um humano. Eles precisam ser sugados para o corpo de um borrachudo que esteja se alimentando para poderem crescer para a próxima fase larval. Uma vez dentro do borrachudo, eles permanecem na sua saliva e o esperam se alimentar novamente, uma vez que o verme só consegue continuar sua jornada para a vida adulta passando de volta para o corpo de um humano.

Se realizarem com sucesso essa complicada viagem de humano para inseto e novamente para humano, as microfilárias finalmente se transformam em nematoides adultos que podem chegar a mais de trinta centímetros de comprimento. Esses adultos se aninham em nódulos sob a pele da pessoa, onde vivem por até quinze anos, acasalando-se e produzindo até mil crias por dia.

E o que essas crias fazem com seu tempo? A maioria jamais terá a sorte de chegar até o intestino de um borrachudo, o que é necessário para atingir o próximo estágio de desenvolvimento. Isso significa que estarão fadadas a nadar pelo corpo humano em seu estado juvenil durante um ou dois anos até morrerem, mas não sem antes causarem sintomas terríveis em seu hospedeiro. Elas entram nos olhos e causam cegueira. A pele se descolore e aparecem erupções e lesões. Essas minúsculas criaturas causam uma coceira tão terrível que as pessoas dilaceram a pele com paus e pedras em uma tentativa inútil de fazer a irritação desaparecer. Isso, por sua vez, causa infecções bacterianas, torna impossível dormir e até levou algumas pobres almas ao suicídio.

Atualmente, 17,7 milhões de pessoas em todo o mundo estão infectadas, principalmente na África e na América Latina. Dessas, 270 mil estão cegas e 500 mil vivem com deficiência visual aguda. Uma abordagem para controlar a doença é matar o borrachudo, e isso funcionou até a década de 1950, quando o DDT estava disponível. Mas os mosquitos se tornaram resistentes ao DDT, que também se acumulou em níveis tóxicos na cadeia alimentar. Agora, uma cepa específica de uma bactéria natural (*Bacillus thuringiensis* var. *israelenses*) é usada em seu lugar, mas isso não oferece tratamento para as milhões de pessoas afetadas pela doença.

Somente ao beber o sangue de uma pessoa ou animal os borrachudos fêmeas conseguem obter nutrição suficiente para alimentar seus ovos.

Um vermífugo para animais chamado ivermectina se mostrou eficaz contra as microfilárias, mas não contra os adultos. Sua fabricante, Merck, fornece o medicamento gratuitamente a grupos de saúde pública, que distribuem tratamentos anuais às pessoas infectadas. Quando os vermes adultos morrem — o que pode levar mais de uma década — o tratamento pode parar, mas, até lá, são necessárias doses repetidas para controlar os vermes jovens e impedir a transmissão da doença. O programa, inicialmente limitado a poucos países da África, teve tanto sucesso que vales de rios abandonados estão sendo reassentados e a droga está começando a ser distribuída em outros países da África e da América Latina.

TAMANHO *2-5 mm*

FAMÍLIA *Simuliidae*

HABITAT *Próximo a corredeiras*

DISTRIBUIÇÃO *Várias espécies são encontradas por todo o Canadá e os Estados Unidos, e também em toda a Europa, Rússia e África*

Conheça a família

Embora existam mais de setecentas espécies de borrachudo no mundo todo, apenas 10 a 20% são pragas para humanos ou animais. Nem todos transmitem doenças, mas são um enorme incômodo, interferindo com o turismo e outras atividades ao ar livre, como extração de madeira e agricultura, durante os meses de verão.

CANTÁRIDA

Lytta vesicatoria

Ele foi chamado de "o escândalo dos doces envenenados". Em junho de 1772, o marquês de Sade chegou em Marselha e mandou seu valete em busca de prostitutas. O criado conseguiu convencer várias mulheres a visitarem seu empregador em um único dia, o que não era nada incomum para Sade. Quando as mulheres chegaram, ele ofereceu a cada uma delas balas com sabor de anis. Algumas mulheres aceitaram a bala; outras recusaram (aliás, algumas mulheres se recusaram a fazer uma série de coisas que Sade propôs, inclusive açoitá-lo com uma vassoura feita de gravetos).

Ao longo dos próximos dias, as mulheres que comeram as balas ficaram gravemente doentes, vomitando o que foi descrito como uma massa escura nojenta e reclamando de dores insuportáveis. A polícia ficou sabendo do incidente e acusou Sade de sodomia e envenenamento. Ele fugiu para a Itália para evitar a prisão, mas foi preso em dezembro. Escapou na primavera e conseguiu evitar as autoridades até 1778, quando foi preso novamente. Ele ficaria na prisão por mais de uma década.

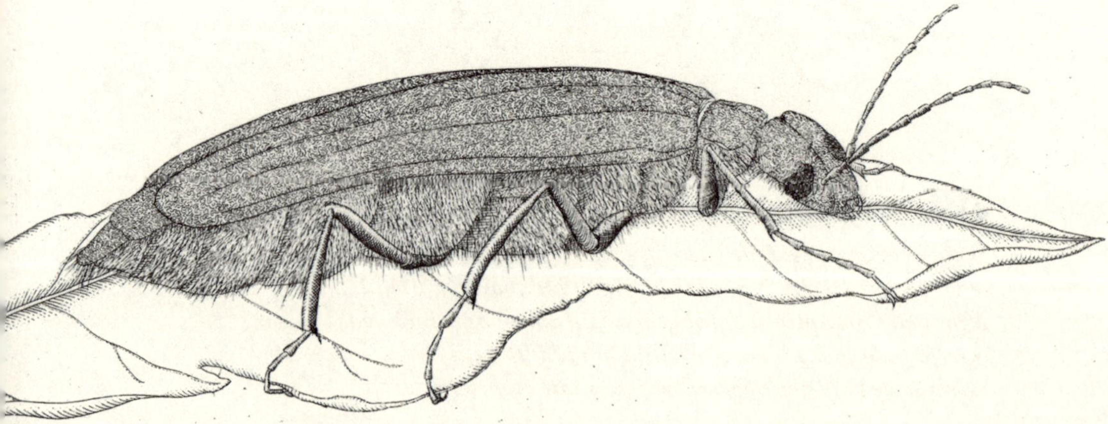

A bala que causou tantos problemas ao marquês de Sade continha os restos em pó de um lindo besouro verde iridescente conhecido como cantárida, na intenção de ser um afrodisíaco. Um contemporâneo de Sade descreveu os supostos efeitos do inseto: "Todos que os comiam eram tomados por um ardor e luxúria desavergonhados... A mais recatada das mulheres não conseguiria se conter".

O mito dos poderes afrodisíacos da cantárida vem da substância química de defesa que ela secreta, a cantaridina. Quando ingerida, inflama o trato urinário de tal forma que pode provocar uma ereção dolorosa e duradoura conhecida como priapismo. Em quantidades suficientes, pode levar à inflamação do trato digestivo, danos nos rins e até à morte. O marquês de Sade — e vários outros — confundiram essa condição com excitação sexual e erroneamente acreditaram que teria efeito semelhante nas mulheres.

A bala que causou tantos problemas ao marquês de Sade continha os restos em pó de um lindo besouro verde iridescente conhecido como cantárida, na intenção de ser um afrodisíaco.

A cantárida, também conhecida como mosca-espanhola, usa seu veneno para repelir predadores. Ele também desempenha um papel na reprodução: a cantaridina é passada dos machos para as fêmeas durante o acasalamento, e a fêmeas a usam para proteger não só a si próprias, mas também seus ovos. De forma peculiar, o veneno serve como afrodisíaco para outra espécie: um besouro cor de fogo chamado *Neopyrochroa flabellata*, que não produz cantaridina, mas pega a substância das cantáridas e a usa para atrair uma companheira. As fêmeas da espécie recusam um pretendente que não lhe trouxer um pacote desse veneno para que ela possa proteger seus filhos.

Algumas moscas-espanholas conseguem ser comidas, apesar de suas defesas químicas. Em 1861 e 1893, houve relatos médicos de soldados franceses destacados ao norte da África que tiveram priapismo após comerem pernas de rã. Durante muito tempo, os cientistas se perguntaram se a cantárida poderia estar envolvida. O entomologista da Universidade Cornell, Thomas Eisner, elucidou esse mistério médico quando alimentou rãs com os besouros em laboratório e depois demonstrou que a cantaridina foi encontrada nos tecidos das rãs em níveis altos o bastante para provocar esses sintomas dolorosos e perturbadores. Aparentemente, as rãs teriam que ser comidas pouco tempo depois de se alimentarem com as cantáridas, o que explicaria por que comer pernas de rã no jantar continua sendo uma atividade de baixo risco.

Os próprios besouros também representam um risco para as criações: algumas espécies se alimentam de feno de alfafa, o que significa que podem ser comidas sem querer por cavalos. Como as larvas comem ovos de gafanhotos, os fazendeiros e criadores sabem que uma grande população de gafanhotos pode significar um aumento das cantáridas também. Seria preciso apenas cem cantáridas para matar um cavalo de 540 quilos, e mesmo quantidades menores causam cólicas. Como é quase impossível erradicar os besouros, os campos de alfafa precisam ser monitorados e cortados de acordo com um conjunto específico de diretrizes para minimizar a probabilidade de os besouros irem parar no feno.

TAMANHO *25 mm*

FAMÍLIA *Meloidae*

HABITAT *Prados, campos, bosques abertos e fazendas*

DISTRIBUIÇÃO *Américas do Norte e do Sul, Europa, Oriente Médio, Ásia*

Conheça a família

3 mil espécies foram identificadas em todo o mundo, com cerca de trezentas encontradas nos Estados Unidos.

CARRAPATO DO VEADO

Ixodes scapularis

Polly Murray sabia que alguma coisa estava muito errada com sua família. Começou com sua primeira gravidez, no final dos anos 1950, quando ela sofreu de sintomas estranhos e inexplicáveis: fortes dores no corpo e cansaço, erupções cutâneas bizarras, dores de cabeça, nas articulações, febres; um catálogo tão longo e desconcertante que ela passou a levar uma lista a cada consulta médica. Ao longo dos anos, o marido e os três filhos tiveram problemas parecidos. Às vezes, parecia que todos na casa estavam tomando antibióticos, prostrados na cama com dores nas articulações ou esperando os resultados de mais uma bateria de exames.

Os médicos de Lyme, sua cidade natal em Connecticut, nunca tinham nenhuma resposta, e a família testava negativo para tudo, de lúpus a alergias sazonais. Do ponto de vista clínico, não havia nada de errado com eles. Alguns médicos recomendaram tratamento psiquiátrico, e outros ofereceram penicilina ou aspirina. Não havia mais nada que pudessem fazer.

Em 1975, tudo mudou. Munida com o conhecimento de que alguns vizinhos estavam com problemas semelhantes e que várias crianças da região foram diagnosticadas com uma forma juvenil extremamente rara de artrite reumatoide, Murray ligou para um epidemiologista do departamento de saúde estadual. Ele anotou as informações, mas não ofereceu nenhuma solução.

Um mês depois, ela conheceu um jovem médico chamado Allen Steere. Ele havia trabalhado brevemente no Centro de Controle de Doenças em Atlanta e estava procurando um projeto de pesquisa para sua bolsa de pós-doutorado. O epidemiologista estadual de Connecticut ligou para ele e contou sobre o grupo de casos de artrite reumatoide juvenil em Lyme. Steere ouviu toda a história de Murray e começou uma investigação que levou à descoberta de uma doença, até então desconhecida, transmitida por carrapatos. Apesar de os líderes cívicos da cidade natal de Murray não gostarem da ideia de ter uma terrível doença com o nome da cidade, os cientistas a chamaram de doença de Lyme, e o nome pegou.

Apesar de os líderes cívicos não gostarem da ideia de ter uma terrível doença com o nome da cidade, os cientistas a chamaram de doença de Lyme, e o nome pegou.

O carrapato do veado, também chamado de carrapato de patas pretas, vive em áreas densamente povoadas da Costa Leste dos Estados Unidos e é responsável pela maioria dos casos de doença de Lyme no país. Sua capacidade de transmitir a doença depende em parte de seu curioso ciclo de vida, que pode envolver três hospedeiros diferentes à medida que amadurece. Quando as larvas saem dos ovos no outono, alimentam-se de ratos, camundongos ou pássaros. Elas hibernam no chão da floresta no inverno, e na primavera mudam para ninfas e se alimentam novamente, dessa vez de pequenos roedores ou humanos. No final do verão, as ninfas se tornaram adultos que se alimentam de animais grandes, principalmente veados, durante, aproximadamente, seu último ano de vida.

As larvas desses carrapatos às vezes adquirem a bactéria que causa a doença de Lyme, uma espiroqueta chamada *Borrelia burgdorferi,* durante sua primeira refeição. Quando isso acontece, elas são capazes de transmitir a bactéria na próxima vez que se alimentam. Apesar do nome "carrapato do veado", os veados em si não são infectados com a doença de Lyme, mas ajudam os carrapatos a se locomoverem e colocam essas populações em contato próximo com os humanos. As pessoas que vivem em áreas infestadas por carrapatos sabem que devem ficar de olho na erupção cutânea em forma de alvo, chamada de eritema migratório, que muitas vezes acontece no local de uma picada de carrapato infectado no primeiro mês da infecção.

A doença de Lyme não é nenhuma novidade. Escritos médicos que datam de 1550 a.C. se referem à "febre do carrapato", e médicos europeus vinham investigando sintomas similares aos causados pela doença de Lyme durante todo o século XIX (na Europa, a doença é transmitida pelo carrapato *Ixodes ricinus*, chamado de carrapato da mamona por sua semelhança com a semente venenosa). Na verdade, médicos de Lyme que praticaram a profissão por várias décadas se lembraram de terem tratado de pacientes nos anos 1920 e 1930 com sintomas semelhantes. Hoje, é a doença transmitida por vetores relatada com maior frequência nos Estados Unidos, com 25 a 30 mil novas infecções noticiadas a cada ano.

TAMANHO *2 mm (as ninfas são menores, mais ou menos do tamanho de um floco de pimenta)*

FAMÍLIA *Ixodoidea*

HABITAT *Matas e florestas*

DISTRIBUIÇÃO *Costa Leste dos EUA, encontrado até a Flórida, ao sul, e Minnesota, Iowa e Texas, a oeste. O* Ixodes pacificus *é encontrado em Washington, Oregon e Califórnia, com distribuição limitada nos estados vizinhos.*

Conheça a família

Existem aproximadamente novecentas espécies de carrapatos encontradas no mundo todo.

CENTOPEIA GIGANTE

Scolopendra gigantea

Em 2005, um psicólogo de 32 anos estava vendo televisão em casa, no norte de Londres, quando ouviu um barulho estranho debaixo de uma pilha de papéis. Ele se levantou, esperando encontrar um camundongo. Em vez disso, saiu uma criatura de 23 centímetros de comprimento e aparência pré-histórica, com mais patas do que o homem conseguia contar. Felizmente, ele teve a presença de espírito de pegar um recipiente plástico e jogá-la para dentro sem encostar nela.

Na manhã seguinte, ele a levou ao Museu de História Natural de Londres, onde um entomologista deu uma olhada na sacola, esperando encontrar o tipo de inseto corriqueiro que os visitantes levam ao museu todos os dias. Mas, quando "tirei aquela fera da sacola, fiquei estarrecido", disse ele aos repórteres. "Nem eu esperava me deparar com isso."

A fera em questão era a maior centopeia do mundo, *Scolopendra gigantea*. Essa enorme criatura sul-americana pode chegar a trinta centímetros de comprimento, e sua picada oferece uma dose poderosa de veneno. Ela pode ter 21 ou 23 segmentos, e de cada um deles se projetam um par de patas, sendo as do primeiro segmento um par de garras venenosas chamadas de forcípulas. A picada da centopeia gigante é poderosa o bastante para causar inchaço, uma dor que se irradia para cima e para baixo do membro onde a picada ocorreu e até uma pequena quantidade de necrose ou carne morta. Náusea, tontura e outros sintomas não são incomuns com uma picada tão forte quanto essa, mas os ferimentos geralmente exigem apenas cuidados médicos simples para tratar os sintomas.

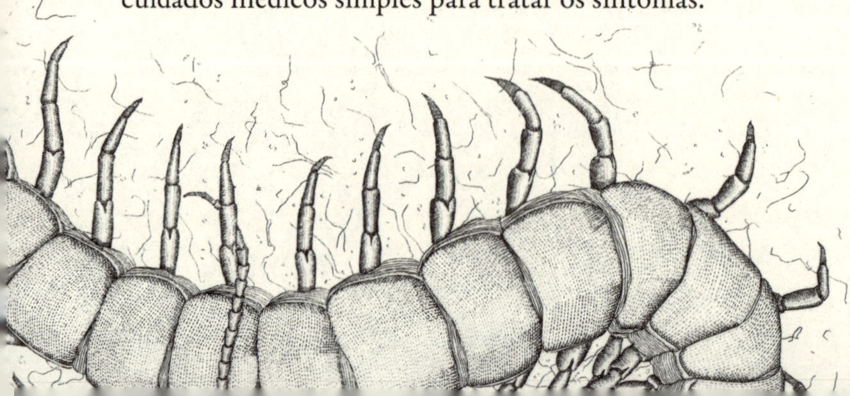

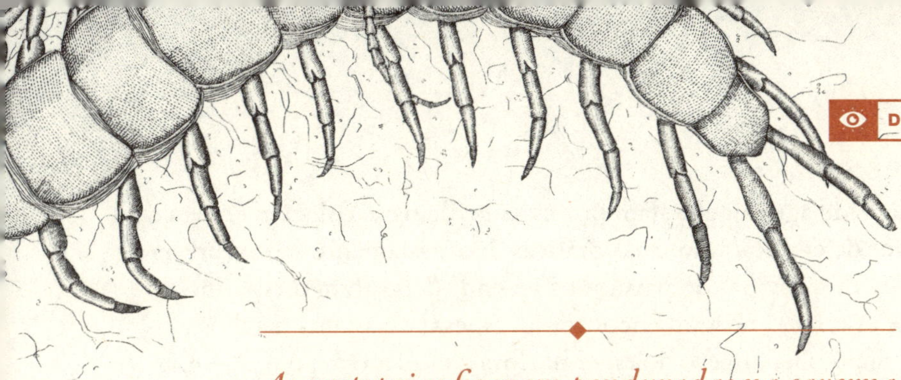

As centopeias ficavam penduradas na caverna pelas últimas patas e pegavam os morcegos em pleno ar, demonstrando um nível bastante assustador de premeditação e engenhosidade.

Embora seja muito provável que as pessoas sobrevivam à picada de uma centopeia gigante, pequenas criaturas como lagartos, rãs, pássaros e ratos não têm tanta sorte. Uma equipe de pesquisadores da Venezuela encontrou uma dessas centopeias gigantes penduradas de cabeça para baixo em uma caverna, toda feliz, devorando um pequeno morcego. Após observar o mesmo comportamento várias vezes, eles perceberam que as centopeias ficavam penduradas na caverna pelas últimas patas e pegavam os morcegos que passavam voando em pleno ar, demonstrando um nível bastante assustador de premeditação e engenhosidade.

Apesar do nome, nem todas as centopeias têm cem patas. Elas se distinguem dos diplópodes por terem um par de patas em cada segmento, em vez de dois. O número exato de patas varia de acordo com a espécie. E, embora todas as centopeias mordam, muitas são pequenas demais para causar grande dor, e algumas têm aparelhos bucais tão pequenos e macios que não conseguem sequer perfurar a pele humana (independentemente disso, as centopeias nunca devem ser manuseadas com as mãos desprotegidas). A centopeia caseira *Scutigera coleoptrata*, encontrada em toda a América do Norte, pode parecer intimidadora, com seus quinze pares de patas estranhamente longas, mas sua picada causa pouca ou nenhuma dor. Ela come percevejos-de-cama, traças, besouros de tapete e baratas, então sua presença pode indicar um tipo de infestação mais alarmante.

As centopeias não têm o tipo de cobertura cerosa que impede que alguns insetos se ressequem, por isso precisam ficar em áreas úmidas para sobreviver. Elas respiram através de pequenas aberturas atrás das patas, e a quantidade de água que exalam por esses orifícios as colocam em risco ainda maior de desidratação. Suas práticas de acasalamento são surpreendentemente desprovidas de paixão: os machos depositam o esperma no chão onde as fêmeas possam encontrá-lo. Apesar de alguns machos empurrarem a fêmea na direção do esperma, fora isso, eles têm pouco contato romântico. A centopeia gigante fêmea, porém, fica chocando os ovos até eclodirem, chegando a protegê-los de predadores da mesma forma que um pássaro protege seus filhotes no ninho.

A dor causada por uma centopeia é principalmente relacionada ao seu tamanho e, por consequência, da quantidade de veneno que injeta. Pessoas que vivem no Sudoeste dos Estados Unidos têm todo o direito de temer a centopeia gigante do deserto, Scolopendra heros, que, com aproximadamente vinte centímetros de comprimento, pode dar uma picada colossal. Um médico militar que foi picado diversas vezes por essa espécie descreveu a dor, na escala de um a dez, como um dez, e disse que os medicamentos sem prescrição não ofereceram nenhum alívio, mas que o desconforto e o inchaço desapareceram por completo após um ou dois dias.

Mas e o britânico que encontrou a centopeia gigante na sala de casa? Os funcionários do museu especularam que ela podia ter pegado carona da América do Sul até a Inglaterra em uma caixa de frutas importadas. Depois, porém, o vizinho do homem se apresentou e confessou que havia comprado a centopeia em um pet shop local e pretendia mantê-la como bicho de estimação (elas podem viver até dez anos, o que significa um compromisso de longo prazo). A criatura foi devolvida ao dono, onde espera-se que não poderá mais fazer visitas aos vizinhos.

TAMANHO *Até 30 cm*

FAMÍLIA *Scolopendridae*

HABITAT *Ambientes úmidos, como embaixo de pedras, serapilheira e o chão da floresta*

DISTRIBUIÇÃO *Florestas sul-americanas*

Conheça a família

Existem cerca de 2,5 mil espécies de centopeias em todo o mundo; as outras integrantes da família da centopeia gigante são encontradas principalmente nos trópicos.

CUPIM SUBTERRÂNEO

Coptotermes formosanus

“A julgar pelas reportagens recentes”, disse o entomologista Mark Hunter em 2000, “parece que o cupim subterrâneo está determinado a consumir o histórico Bairro Francês de New Orleans. Esses cupins destroem postes e cais tratados com creosoto, as caixas de comutação dos semáforos subterrâneos, cabos telefônicos sob o solo, árvores e arbustos vivos e a vedação das tubulações de água de alta pressão.” Na época, ele previu que esse invasivo cupim asiático seria o maior desafio na guerra entre humanos e insetos no início do século XXI.

Infelizmente, cinco anos depois, o furacão Katrina provou que ele estava certo. O desastre natural mais devastador da história dos Estados Unidos matou 1.833 pessoas e deixou 750 mil desabrigados, tornando-o responsável pela maior migração em massa desde o Dust Bowl. Quando os estragos foram finalmente calculados, chegaram a quase 100 bilhões de dólares. Conforme New Orleans começou a se reconstruir, ficou claro que a praga que assolou a cidade durante décadas pode ter desempenhado um papel na sua destruição. As junções das barreiras contra inundações que deveriam proteger a cidade eram feitas de resíduo de cana-de-açúcar, uma delícia irresistível para os cupins subterrâneos.

Será que isso poderia ser evitado? Dezessete anos antes do Katrina, o cupim subterrâneo perdeu seu inimigo mais dedicado. Jeffery LaFage, um entomologista do centro agrícola da Universidade do Estado da Louisiana, estava jantando no Bairro Francês em 1989 para celebrar o início de seu novo programa para eliminar os cupins do bairro. Ao caminhar pelo local com um amigo após o jantar, um ladrão os abordou, atirando e matando Jeffery. Sua morte causou o retrocesso de anos no controle aos cupins da região.

As junções das barreiras contra inundações de New Orleans eram feitas de resíduo de cana-de-açúcar, uma delícia irresistível para os cupins subterrâneos.

Outro entomologista do centro agrícola, Gregg Henderson, assumiu a luta. Ele soou o alarme sobre a infestação de cupins nas barreiras cinco anos antes do Katrina chegar à costa e depois assistiu horrorizado às suas piores previsões se tornando realidade. "Eu lembro de estar vendo o jornal quando as barreiras e os diques se romperam", disse ele. "Comecei a ficar com aquela sensação de náusea, quando você sabe que alguma coisa está errada." Apesar de o planejamento e a manutenção inadequados certamente terem contribuído para o colapso, o papel do cupim subterrâneo não poderia ser ignorado. Desde então, Henderson desenvolveu um programa para atrair os cupins para longe das barreiras contra inundações, para lugares onde possam ser capturados e mortos com mais facilidade, mas não conseguiu despertar o interesse das autoridades para suas ideias.

Cupins subterrâneos são um problema em New Orleans há décadas. As criaturas parecem ter chegado a bordo de navios retornando ao porto após a Segunda Guerra Mundial. O clima úmido e tropical de New Orleans e a oferta abundante de edifícios antigos com estrutura de madeira proporcionam o terreno perfeito para a praga se reproduzir. As casas geminadas do Bairro Francês tornam ainda mais fácil para os cupins prosperarem: qualquer tentativa de controle feita em uma edificação apenas encorajaria os insetos a se mudarem para a casa ao lado. Antes do Katrina, estima-se que os moradores da cidade estavam perdendo 300 milhões de dólares por ano em danos causados por cupins.

Uma rainha dos cupins subterrâneos pode viver até 25 anos, desfrutando tanto de um suprimento constante de comida entregue por seus operários quanto de encontros românticos com o cupim rei, cujo único trabalho é se acasalar com ela. Todos os dias, ela põe centenas — ou talvez milhares — de ovos. Quando as larvas eclodem, são alimentadas por cupins operários, para quando crescerem se tornarem operárias também, que comem madeira e alimentam a colônia; soldados, que usam defesas especializadas para matar agressores; ou ninfas, que se desenvolvem em reis e rainhas complementares ou "alados", criaturas com asas capazes de se tornarem reis e rainhas de suas próprias colônias. Os enxames de alados em volta dos postes de luz do Bairro Francês, do final de abril até junho, são tão densos que acabam diminuindo a iluminação e fazem os turistas saírem correndo.

Alguns especialistas em controle de pragas esperavam que o furacão Katrina teria um lado bom: um afogamento em massa de cupins subterrâneos. Infelizmente, eles não se abateram. Os insetos constroem suas casas de madeira digerida, fezes e saliva; elas contêm redes intrincadas de pequenas câmaras e corredores que abrigam colônias de milhões deles. Os ninhos mantiveram a maioria das colônias seguras e secas durante o furacão e a enchente que se seguiu. Com proprietários de casas e negócios abandonando tanto seus prédios quanto o cuidadoso regime de controle de pragas que estavam seguindo para limitar sua propagação, as condições são perfeitas para que os cupins voltem a aparecer.

TAMANHO *15 mm*

FAMÍLIA *Rhinotermitidae*

HABITAT *Encontrado embaixo da terra, em árvores, sótãos ou entrepisos de estruturas de madeira*

DISTRIBUIÇÃO *Taiwan, China, Japão, Havaí, África do Sul, Sri Lanka, sudeste dos Estados Unidos*

Conheça a família

Foram identificadas cerca de 2,8 mil espécies de cupins em todo o mundo.

DIPLÓPODE

Tachypodoiulus niger, outros

Em geral, um diplópode não é uma criatura particularmente ameaçadora. Ao contrário das centopeias, que caçam presas ativamente e injetam veneno em suas vítimas para subjugá-las, os diplópodes rastejam lentamente pelo chão à procura de folhas mortas. Eles são chamados de "detritívoros" pelo hábito de vasculhar os detritos deixados na base das plantas e decompô-los ainda mais, ajudando a continuar o ciclo natural de compostagem. Quando atacados, a maioria dos diplópodes faz pouco mais do que se enrolar em uma bola e esperar que sua dura carapaça os proteja. Então, o que há de ruim nesses recicladores vegetarianos amantes da paz?

A considerável quantidade deles, para começar. As invasões de diplópodes não são só assustadoras, são destrutivas. Histórias de diplópodes se amontoando sobre trilhos de ferrovias aparecem nos jornais desde o advento das ferrovias, mas alguns relatos mais recentes são realmente impressionantes. Os trens-balas nos arredores de Tóquio pararam em 2000 quando as criaturas se aglomeraram sobre os trilhos. Seus corpos esmagados criaram uma gosma úmida e pegajosa que fazia as rodas deslizarem. Na Austrália aconteceu a mesma coisa: um diplópode português não nativo, Ommatoiulus moreletii, infestou as linhas ferroviárias, forçando o atraso ou cancelamento de trens que simplesmente não conseguiam ganhar tração nos trilhos escorregadios.

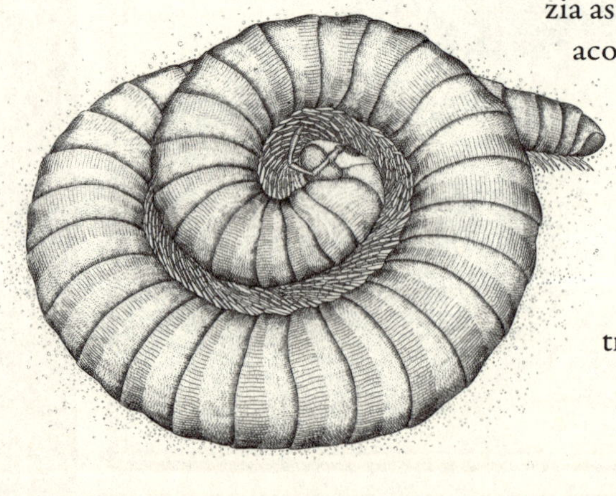

Macacos na Venezuela esfregam os diplópodes nos pelos do corpo e usam as secreções para espantar os mosquitos.

A situação é ainda pior em partes da Escócia, onde o diplópode europeu preto, *Tachypodoiulus niger*, é um incômodo tão grande que os moradores de três aldeias remotas das Terras Altas foram forçados a recorrer a blecautes noturnos. O objetivo era impedir os diplópodes, que são atraídos pela luz, de entrarem em suas casas à noite e se aglomerarem nos banheiros e cozinhas. Uma agente do correio local disse aos repórteres: "Eles são horríveis. Começam em abril e no ano passado ainda estavam aparecendo até outubro. É difícil de acreditar na gravidade da coisa, a não ser que você esteja aqui para ver".

Uma cidade na Baviera experimentou a estratégia do blecaute, mas desistiu e acabou construindo um muro ao redor para manter os diplópodes longe. O muro, que circunda a cidade de Obereichstaett, é feito de um metal liso com uma borda que as criaturas não conseguem atravessar (proprietários de casas na Austrália usam algo semelhante há anos para afastar os diplópodes das casas). Um morador disse que, antes do muro ser erguido, não conseguia andar na rua sem esmagar dezenas deles. O cheiro por si só era insuportável.

Diplópodes, que podem ser identificados pelo fato de terem dois pares de patas por segmento, realmente produzem uma série de compostos desagradáveis como mecanismo de defesa. Algumas espécies liberam cianeto de hidrogênio, um gás tóxico que formulam em uma câmara de reação especializada quando atacados. Esse gás é tão forte que mata outras criaturas que forem colocadas em um vidro com esses diplópodes. A espécie *Glomeris marginata* produz um composto químico parecido com metaqualona, um fármaco sedativo e hipnótico, que ela usa para sedar as aranhas-lobo que as atacam.

Esses compostos químicos de defesa raramente são prejudiciais a humanos; uma pessoa precisaria deliberadamente se cobrir com as secreções de um diplópode para sentir uma erupção ou ardência provocada por elas. Na verdade, macacos na Venezuela procuram um diplópode de dez centímetros chamado *Orthoporus dorsovittatus* para esfregá-los nos pelos do corpo e usar as secreções para espantar os mosquitos.

TAMANHO *60 mm*

FAMÍLIA *Julidae*

HABITAT *Serapilheira e chão da floresta, onde a vegetação em decomposição é abundante*

DISTRIBUIÇÃO *Encontrado em toda a Europa, principalmente no Reino Unido, Irlanda e Alemanha*

Conheça a família

Existem cerca de dez mil espécies conhecidas de diplópodes, incluindo o diplópode gigante africano, Archispirostreptus gigas, *que chega a 28 centímetros de comprimento e vive até dez anos em cativeiro, e o minúsculo diplópode tipo pílula, que se assemelha bastante aos conhecidos crustáceos, porém sem relação, da família* Armadillidiidae, *que chamamos de tatuzinhos-de-jardim.*

FILOXERA

Daktulosphaira vitifoliae

Em meados de 1800, a indústria de vinhos francesa dominava o mercado mundial. Um em cada três cidadãos franceses ganhava a vida com o vinho. A qualidade das videiras, a riqueza do solo e o conhecimento dos vinicultores se juntavam para produzir vinhos de qualidade extraordinária. Os médicos franceses recomendavam tomar vinho três vezes ao dia, no lugar do chá e do café. As pessoas obedeciam com prazer: o cidadão francês médio bebia oitenta litros ou cerca de cem garrafas de vinho por ano.

Então vieram os norte-americanos.

As videiras nativas não conseguiam produzir vinhos impressionantes, portanto, os norte-americanos passaram a importar variedades europeias para ajudar a dar início à indústria de vinhos do país. Os vinicultores franceses, por sua vez, plantaram algumas videiras norte-americanas, embora elas fossem mais uma curiosidade botânica do que uma plantação para valer. Esses intercâmbios pareciam o começo de uma agradável amizade, até que começaram a aparecer problemas com as videiras.

Os norte-americanos perceberam que as vinhas europeias plantadas nos Estados Unidos às vezes não vingavam. As folhas ficavam amarelas, secavam e morriam. Quando arrancavam as videiras mortas do chão, os agricultores não encontravam nenhum vestígio de predador ou de doença. Mais alarmante ainda era o fato de que as videiras francesas estavam começando a sucumbir a doenças semelhantes. Começou uma busca internacional para encontrar uma solução para o problema.

Em 1868, botânicos franceses descobriram o culpado: um pequeno inseto parecido com um pulgão que chamaram de *Phylloxera vastatrix* (depois rebatizado de *Daktulosphaira vitifoliae*). Ele sugava a seiva das plantas vivas e ia embora quando elas morriam, o que explica o motivo de nunca ser encontrado nas videiras mortas. Mais tarde, ficou claro que o inseto tinha ido de carona para a França em uma videira norte-americana nativa. Mas, naquele momento, a única coisa que preocupava os franceses era encontrar uma maneira de matar o inseto e recuperar sua indústria. Primeiro, precisavam entender o ciclo de vida da filoxera.

Eles descobriram que esse inseto tinha um dos ciclos de vida mais bizarros de qualquer criatura que já tinham encontrado. Ele começa quando uma filoxera fêmea, chamada de fundadora, eclode de um ovo e imediatamente começa a beber da folha em que nasceu. Isso aciona um hormônio na planta que forma uma estrutura protetora, chamada de galha, em volta dela. Em pouco tempo, a filoxera vira adulta e, sem sequer ter tido um único encontro, muito menos acasalado, bota cerca de quinhentos ovos dentro da galha e depois morre.

A próxima geração de fêmeas eclode e repete o processo, também formando galhas e botando ovos sem nunca acasalar. Isso continua durante meses, com talvez cinco gerações sucessivas eclodindo, botando uma quantidade surpreendente de ovos e depois morrendo. Uma única fêmea fundadora pode ser responsável por bilhões de jovens filoxeras ao final da estação, sugando a vida das vinhas esse tempo todo.

A última geração da estação cai no chão e passa a residir nas raízes, onde mil delas podem habitar 28 gramas de rizoma vivo. Algumas hibernam durante o inverno e, na primavera, a geração que surge possui asas e é capaz de voar até vinhedos próximos. Algumas dessas criaturas aladas põem ovos de fêmeas, e outras, ovos de machos. A geração que eclode nesse ponto tem apenas um objetivo: compensar a falta de atividade sexual por parte de seus antecessores. O macho não come e sequer tem boca ou ânus, portanto, não faz nada além de acasalar até morrer. As fêmeas dessa geração são capazes de botar ovos de fundadoras que podem começar todo o ciclo novamente. Nesse ritmo de reprodução, não demora muito para secarem os vinhedos e trazerem infecções fúngicas secundárias, garantindo o fim da colheita das uvas.

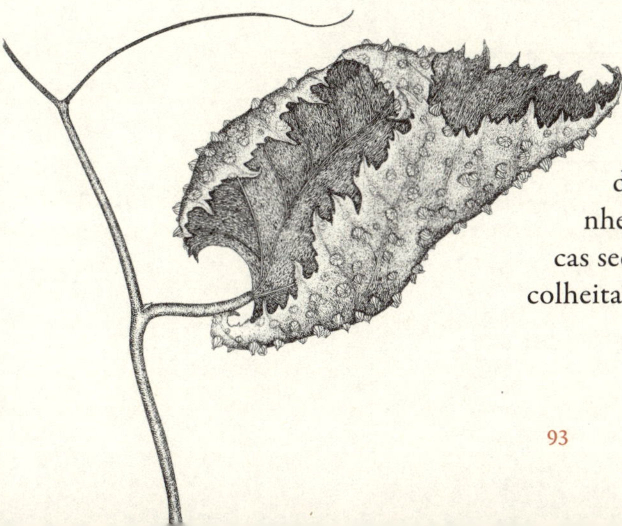

Descobrir tudo isso foi compreensivelmente complicado. Mas a questão do que fazer a seguir era ainda mais incômoda. Embora tenha sido difícil para os franceses admitirem, a única solução era se voltar para as mesmas videiras que inicialmente levaram o problema para a França. As videiras norte-americanas eram naturalmente resistentes a essa praga americana, e enxertar as finas vinhas europeias nos desajeitados rizomas norte-americanos provou ser a única maneira de salvar a indústria de vinhos francesa.

Mas qual seria o sabor do vinho? O cientista francês Jules Lichtenstein declarou com firmeza em 1878 que "as videiras da França estão condenadas... mas os vinhos da França viverão novamente, renascidos nos rizomas resistentes da América". Os vinhos franceses realmente foram salvos da filoxera pelas vinhas americanas e passaram a dominar o mundo novamente. Mas, ainda hoje, os vinhos cultivados em raros bolsões de videiras pré-filoxera (incluindo videiras no Chile plantadas por espanhóis séculos atrás) ainda são bastante procurados por conhecedores.

A única coisa que preocupava os franceses era encontrar uma maneira de matar o inseto e recuperar sua indústria de vinhos.

TAMANHO *1 mm*

FAMÍLIA *Phylloxeridae*

HABITAT *Vinícolas*

DISTRIBUIÇÃO: *Encontrada em várias regiões produtoras de vinho do mundo todo, incluindo Estados Unidos, Europa, Austrália e partes da América do Sul*

Conheça a família

As filoxeras são parentes de uma série de outros insetos com aparelhos bucais sugadores, incluindo pulgões, cigarrinhas e cigarras.

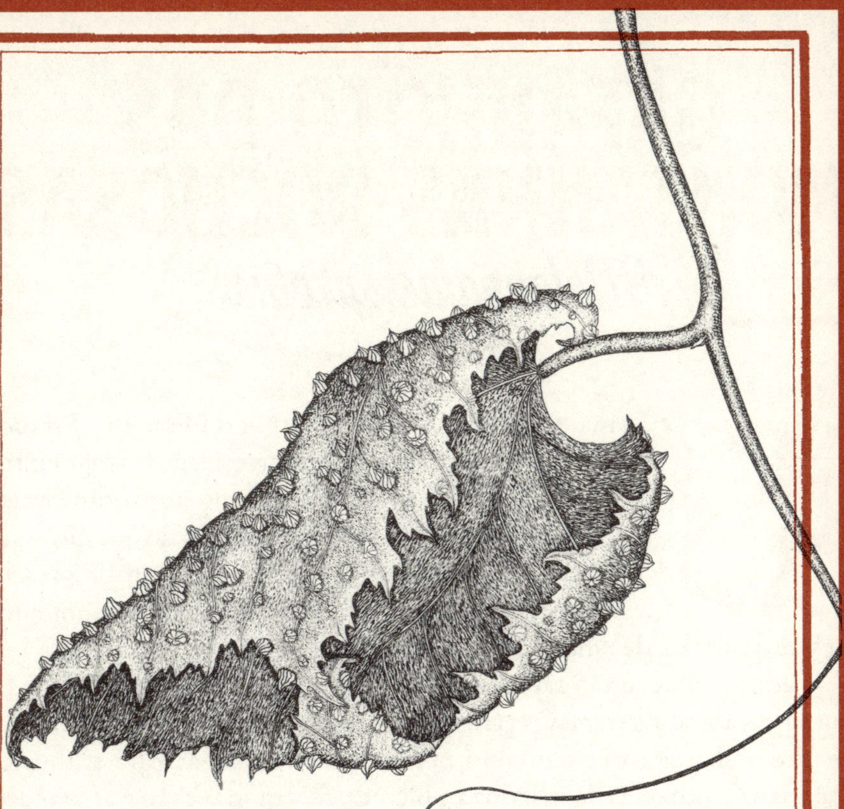

GAFANHOTO DAS MONTANHAS ROCHOSAS

Melanoplus spretus

Uma praga de gafanhotos varreu o Oeste dos Estados Unidos no verão de 1875. Horrorizados, os agricultores viram um vulto escuro surgir no horizonte e avançar pelo céu, movendo-se mais rápido do que qualquer tempestade ou furacão que já tinham visto. O sol escureceu e sumiu, o céu se encheu de estranhos zumbidos e estalos e então, de uma vez só, os gafanhotos desceram.

Tudo aconteceu tão rápido que os pais tiveram que pegar os filhos e correr para se abrigarem. Os gafanhotos se enxamearam em cada centímetro dos milharais, cobriram casas e celeiros, devoraram árvores e arbustos e até se amontoaram dentro dos ambientes, forrando o chão e as paredes. O ataque parecia não ter fim: milhões caíam do céu, mas outros milhões seguiam para o município vizinho e para o seguinte.

O enorme volume de uma nuvem de gafanhotos é algo quase impossível de conceber. Testemunhas relataram galhos de árvores se partindo sob o peso dos insetos. Uma camada de insetos com quinze centímetros de profundidade cobria o chão. Os gafanhotos obstruíam rios e seus corpos eram levados às toneladas até o Grande Lago Salgado, criando uma muralha pútrida de cadáveres que chegava a 1,80 metros de altura e se estendia por 3,2 quilômetros em volta do lago.

Os gafanhotos chegaram tão rápido que os pais tiveram que pegar os filhos e correr para se abrigarem.

O tamanho desse enxame feroz foi estimado em 513.000 km² — maior que o estado da Califórnia — e continha cerca de 3,5 trilhões de gafanhotos. Eles destruíram completamente as plantações e se reproduziam com uma velocidade e eficiência assustadoras: cada 6,45 cm² de solo podia conter 150 ovos. Mesmo que só uma fração deles sobrevivesse, uma fazenda típica podia ficar sem nenhuma safra e com ovos suficientes enterrados no solo para produzir mais 30 milhões de gafanhotos. Quando as larvas eclodiram na primavera, parecia que o chão estava fervilhando com elas.

Essa peste causou pobreza e fome generalizadas nas Grandes Planícies. Alguns estados ofereceram auxílio-gafanhoto aos agricultores, pagando alguns dólares por uma saca de ovos ou ninfas, na tentativa de livrar a terra dos insetos e ao mesmo tempo oferecer uma renda aos cidadãos carentes. Alguns agricultores empreendedores soltaram suas galinhas e perus no meio do enxame, esperando que a fonte de proteína gratuita transformasse uma tragédia em oportunidade. Em vez disso, as aves se empanturraram de insetos, literalmente comendo até morrer. A dieta de gafanhotos ainda contaminou a carne das aves, deixando-as impróprias para consumo. Os agricultores atearam fogo em seus campos, encharcaram o solo com querosene e recorreram a qualquer veneno ou poção que tivessem à mão, mas nada funcionava. Os gafanhotos continuaram a assolar a paisagem até o final dos anos 1800, deixando um rastro de devastação e fome em massa.

Na época, pouco se sabia sobre o ciclo de vida do gafanhoto das Montanhas Rochosas. Hoje, os entomologistas sabem que ele é apenas um gafanhoto sob pressão. Um entomologista russo chamado Boris Uvarov, em atividade nos anos 1920, provou que certas espécies de gafanhoto de aparência comum eram capazes de passar por uma transformação impressionante em épocas de estresse.

Os gafanhotos geralmente buscam seu alimento sozinhos, espalhando-se por grandes áreas quando há comida em abundância. Mas, durante uma seca, as criaturas podem se aglomerar, e essa proximidade provoca mudanças químicas que fazem as fêmeas botarem ovos muito diferentes. As ninfas que eclodem desses ovos têm asas maiores, tendência a viver mais próximas umas das outras e a se locomover em bandos densos, e também são capazes de botar ovos que podem sobreviver a períodos de dormência mais longos. Elas até mudam de cor. Em essência, uma população de gafanhotos razoavelmente benigna e estável se transforma em algo totalmente diferente: uma praga migratória de gafanhotos capazes de se enxamear e devorar tudo em seu caminho.

Isso explica por que os colonizadores afirmavam nunca ter visto esses gafanhotos específicos antes da chegada da nuvem sinistra e por que as pragas de gafanhotos sempre foram vistas como se tivessem uma origem divina. São criaturas totalmente desconhecidas, que se transformaram de gafanhotos comuns em invasores maiores, mais escuros e nunca antes vistos.

Ainda mais misterioso, no entanto, foi seu sumiço repentino. As nuvens diminuíram de tamanho na virada do século e, por fim, os cientistas perceberam que tinham desaparecido por completo. O gafanhoto das Montanhas Rochosas, conhecido como *Melanoplus spretus*, não é visto vivo desde 1902. Apesar de outras espécies de gafanhotos terem varrido o Oeste norte-americano durante a Grande Depressão, elas não foram nem de longe tão destruidoras nem tão disseminadas quanto o gafanhoto das Montanhas Rochosas.

Atualmente, os cientistas acreditam que os fazendeiros conseguiram erradicar o gafanhoto fazendo o que fazem de melhor: agricultura. Ao transformarem as pradarias em milharais e pastagens para gado, eles destruíram o único criadouro permanente dos insetos, uma série de ricos vales de rios ao longo das Montanhas Rochosas para onde a população inteira voltava todos os anos para se reproduzir. O *Melanoplus spretu*s hoje parece estar totalmente extinto, para alívio dos agricultores norte-americanos.

TAMANHO *35 mm*

FAMÍLIA *Acrididae*

HABITAT *Prados e pradarias do Oeste dos Estados Unidos*

DISTRIBUIÇÃO *América do Norte*

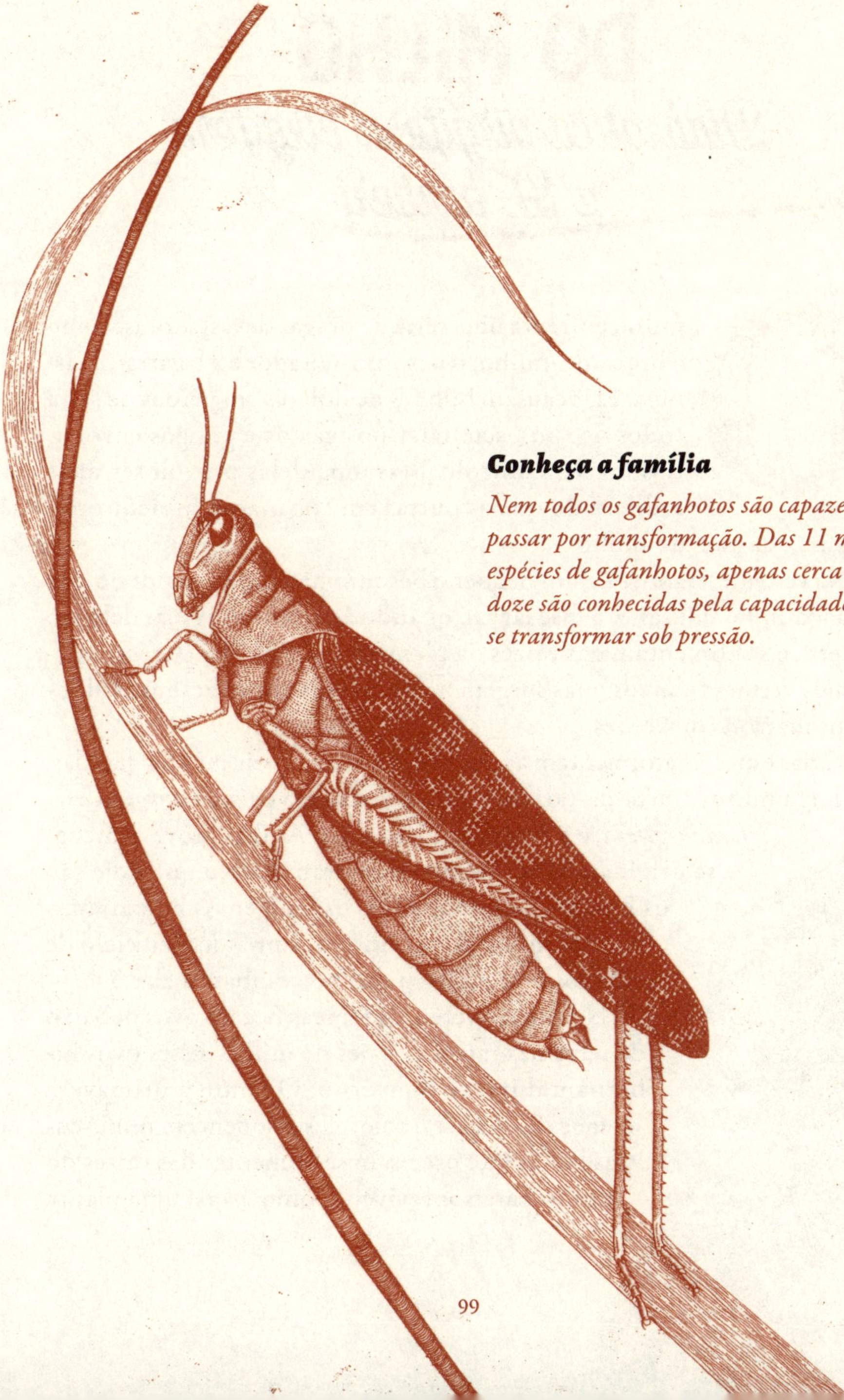

Conheça a família

Nem todos os gafanhotos são capazes de passar por transformação. Das 11 mil espécies de gafanhotos, apenas cerca de doze são conhecidas pela capacidade de se transformar sob pressão.

LAGARTA-DA-RAIZ DO MILHO

Diabrotica virgifera virgifera e *D. barberi*

O milho enfrenta uma série de pragas devastadoras, como a broca-do-milho, o besouro-saltador e a lagarta-da-espiga. Elas causam bilhões de dólares em perdas de safra todos os anos, sem falar nos gastos e perigos envolvidos no seu controle. Mas uma delas provou ser mais ardilosa do que as outras em enganar os agricultores: a lagarta-da-raiz do milho.

Na verdade, trata-se de um pequeno besouro não muito maior do que uma joaninha. Durante a fase larval, quando as criaturas vivem debaixo da terra e se alimentam das raízes da planta do milho, elas parecem pequenos vermes brancos, mas surgem na primavera como besouros alongados marrons ou verdes.

Várias espécies atormentam agricultores norte-americanos há décadas, incluindo a lagarta-da-raiz do milho do oeste do país, *Diabrotica virgifera virgifera*, e a do norte, *D. barberi.* Ambas provavelmente se originaram no México e subiram para o que hoje são os Estados Unidos quando os indígenas começaram a plantar milho como cultura. Entender seu ciclo de vida foi o primeiro passo no combate a elas.

No fim do verão, as fêmeas botam ovos debaixo da terra nas raízes dos pés de milho. Esses ovos hibernam durante o inverno. Quando a primavera começa a aquecer o solo, eles eclodem em minúsculas larvas que precisam se alimentar das raízes do milho para sobreviver. Como esta é uma planta

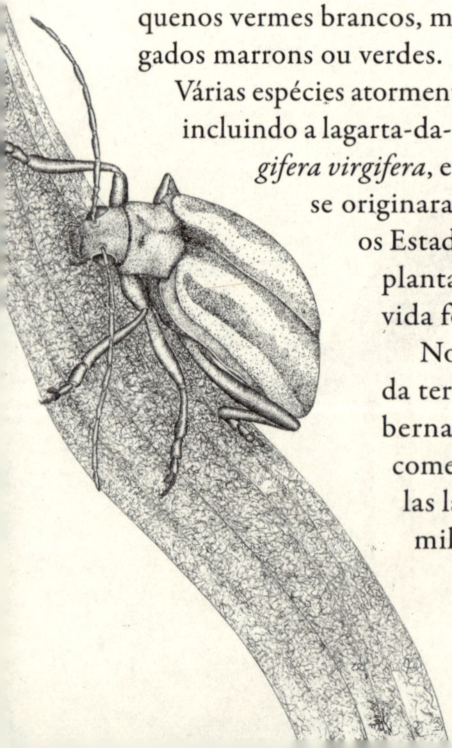

A lagarta-da-raiz do milho do norte descobriu como enganar os produtores.

anual, essa estratégia de sobrevivência depende de o agricultor semear uma nova safra todo ano. As larvas continuam se alimentando por todo o verão e depois se transformam em pupa no solo, surgindo como besouros crescidos assim que o milho começa a amadurecer no pé. Os adultos comem o pólen e o cabelo do milho, depois acasalam e botam ovos debaixo da terra antes de morrerem.

Por um tempo, os agricultores usaram pesticidas para matar os insetos, mas eles acabaram ficando resistentes à química. A rotação de culturas se mostrou a melhor estratégia para interromper o ciclo de vida deles. Como as larvas não poderiam comer nenhuma outra planta além do milho, alterná-lo com soja acabaria com eles. Com apenas as raízes de soja para comer, as larvas morreriam sem nunca crescer nem acasalar. Isso tornaria seguro plantar milho no campo no ano seguinte.

Esse método funcionou bem durante décadas, permitindo que os agricultores usassem menos pesticidas e melhorassem a saúde do solo. Porém, nos anos 1980 e 1990, tudo mudou.

A lagarta-da-raiz do milho do norte descobriu como enganar os produtores. Ela evoluiu para estender sua hibernação invernal para duas temporadas, efetivamente percebendo que o agricultor plantaria a soja não comestível durante um ano, mas depois voltaria com o delicioso milho em dois anos. Ao colocar ovos que pudessem ficar adormecidos durante um ano inteiro de plantação de soja e eclodirem um ano depois quando o milho voltasse, os insetos conseguiram sobreviver ao método testado e comprovado da rotação de culturas e se tornar novamente uma praga séria para os produtores de milho. Essa adaptação é chamada de "diapausa prolongada".

Para espanto dos entomologistas, a lagarta-da-raiz do milho do oeste desenvolveu uma forma diferente de sobreviver, tão engenhosa quanto sua colega do norte. Em vez de dormir durante a rotação da soja, ela se adaptou botando ovos cujas larvas não se importassem de comer soja. Agora que essa chamada variante da soja também é imune à prática de rotação de cultura, os agricultores estão mais uma vez procurando uma solução. Novas gerações de pesticidas, além de variedades de milho geneticamente modificadas que os insetos não conseguem comer, podem parecer promissoras a curto prazo, mas os bichos já provaram que podem superar esses esforços. Como disse um cientista agrícola: "É mais uma bala mágica. Já as disparamos antes... Na agricultura, os problemas não são solucionados para sempre".

TAMANHO *6,5 mm*

FAMÍLIA *Chrysomelidae*

HABITAT *Encontrado próximo ao milho e algumas espécies de gramíneas selvagens*

DISTRIBUIÇÃO *México, Estados Unidos e Europa*

Conheça a família

As lagartas-da-raiz do milho são um tipo de besouro de folha e são parentes do besouro do aspargo, da batata e de uma série de outros besouros destruidores.

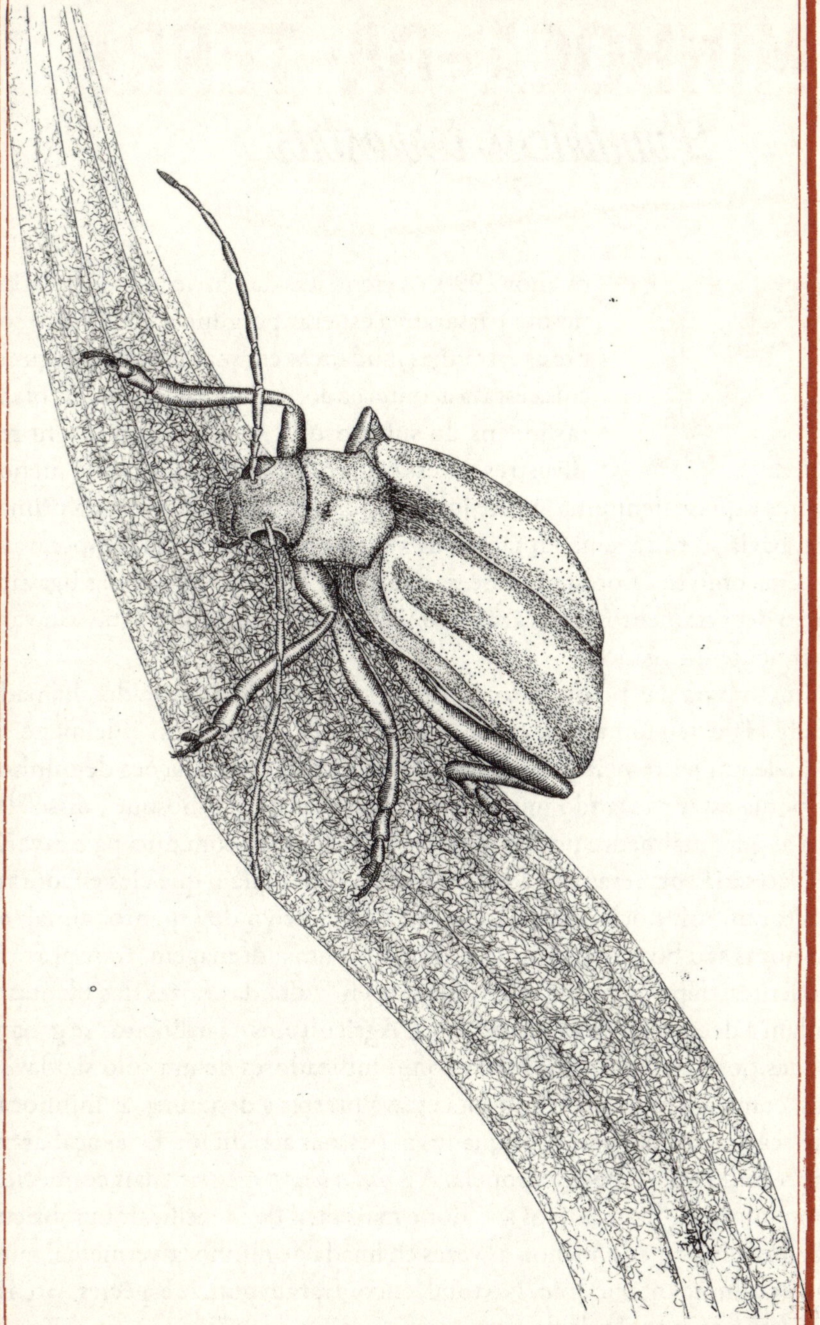

MINHOCA-DA-TERRA

Lumbricus terrestris

Nos anos 1990, os cientistas da Universidade de Minnesota passaram a esperar perguntas do público sobre as estranhas mudanças em suas florestas. Alguma coisa estava acontecendo, diziam as pessoas. As plantas jovens do sub-bosque — samambaias e flores silvestres — estavam desaparecendo. Havia menos árvores e quase nenhuma árvore jovem. Quando a neve derretia na primavera, havia só terra, e não o tapete de vegetação que as pessoas esperavam ver. Era como se a floresta tivesse parado de se renovar. As pessoas ligavam para o departamento florestal atrás de respostas, mas os cientistas estavam igualmente intrigados.

Então uma das pesquisadoras, uma estudante de doutorado chamada Cindy Hale, leu um artigo sobre as florestas de Nova York. "Ele mencionava, de um jeito meio casual, que o aumento das populações de minhocas podia estar causando mudanças nas plantas de sub-bosque", disse ela. "Foi aí que finalmente nos ocorreu ir para a floresta com uma pá e cavar."

Não seria surpresa para a maioria das pessoas que o que eles encontraram foram minhocas. Isso não deveria ser motivo de espanto, afinal, as minhocas são boas para o solo. Elas melhoram a drenagem, transportam nutrientes, depositam seus ricos dejetos em volta das raízes das plantas e ajudam a decompor matéria orgânica. Agricultores e jardineiros se gabam de suas populações de minhocas como indicadores de um solo saudável. Mas, como a equipe de Minnesota estava prestes a descobrir, as minhocas nem sempre são tão benéficas quanto as pessoas acreditam. Essas acabaram se revelando uma espécie europeia. A *Lumbricus terrestris*, mais conhecida como minhoca-da-terra, foi a maior e mais fácil de identificar. Lumbricus rubellus, uma espécie menor, às vezes chamada de minhoca-vermelha, também era abundante no solo. No total, encontraram quinze espécies não nativas vivendo no solo da floresta.

As minhocas nem sempre são tão benéficas quanto as pessoas acreditam.

Como o estado de Minnesota estava coberto por geleiras durante a última Era Glacial, suas florestas evoluíram sem nenhuma minhoca nativa. Minhocas nativas da América do Norte podem ser encontradas em boa parte dos Estados Unidos, mas essas regiões mais ao norte eram absolutamente desprovidas delas — até as espécies europeias aparecerem.

As minhocas europeias chegaram aos Estados Unidos com os colonizadores em vasos de plantas, na terra usada como lastro do navio e enterradas em rodas de carroças e cascos de gado. Elas se moveram pelo país com a mesma rapidez que os próprios colonizadores. Hoje, a população de minhocas em um quintal norte-americano típico é provavelmente composta em sua maioria de minhocas europeias. Na maior parte dos jardins, elas fazem somente o bem, mas não foi o caso em Minnesota.

Através do monitoramento de áreas de teste, Hale e sua equipe puderam demonstrar que a minhocas europeias conseguiam devorar completamente a camada de folhas que caía a cada outono. Em circunstâncias normais, as folhas permaneceriam no chão ano após ano, formando uma camada esponjosa de humo necessária para as plantas nativas germinarem e crescerem. Mas folhas podres são como doces para a minhoca-da-terra. Em áreas com as maiores infestações, a camada de humo desapareceu totalmente e foi substituída por um fino manto de dejetos de minhocas. As árvores e flores silvestres nativas de Minnesota simplesmente não conseguiriam sobreviver ali.

Selo-de-Salomão, *Uvularia grandiflora*, salsaparrilha silvestre e arruda do prado são apenas algumas plantas que estão desaparecendo. Bordo-açucareiro, carvalho-vermelho e outras plantas e arbustos nativos também não conseguem se estabelecer nesse solo desconhecido. Como as pessoas vão para as florestas ao redor dos Grandes Lagos levando consigo minhocas vivas como iscas de pesca, terra para tapar buracos ou até mesmo pneus cobertos de lama, as minhocas continuam a se espalhar. Até construir um campo de golfe perto de uma floresta pode representar um risco, com vários hectares de grama e terra instaladas com as minhocas que vivem nela.

O que pode ser feito para deter a invasão das minhocas europeias nas florestas que evoluíram sem elas? Elas não podem ser expulsas, não é possível colocar uma cerca para manter as minhocas longe. Hale e sua equipe descobriram que excluir os cervos da floresta pode fazer diferença, já que as poucas plantas que conseguem sobreviver são comidas por eles. Também esperam diminuir a propagação das minhocas desencorajando a utilização delas como iscas de pesca e instruindo as pessoas sobre os perigos potenciais das melhores amigas dos jardineiros.

TAMANHO *25 cm*

FAMÍLIA *Lumbricidae*

HABITAT *Solos ricos e úmidos*

DISTRIBUIÇÃO *Mundo inteiro*

Conheça a família

A minhoca-vermelha, Lumbricus rubellus, *muitas vezes é encontrada em montes de compostagem, assim como a minhoca-vermelha-da-califórnia,* Eisenia fetida.

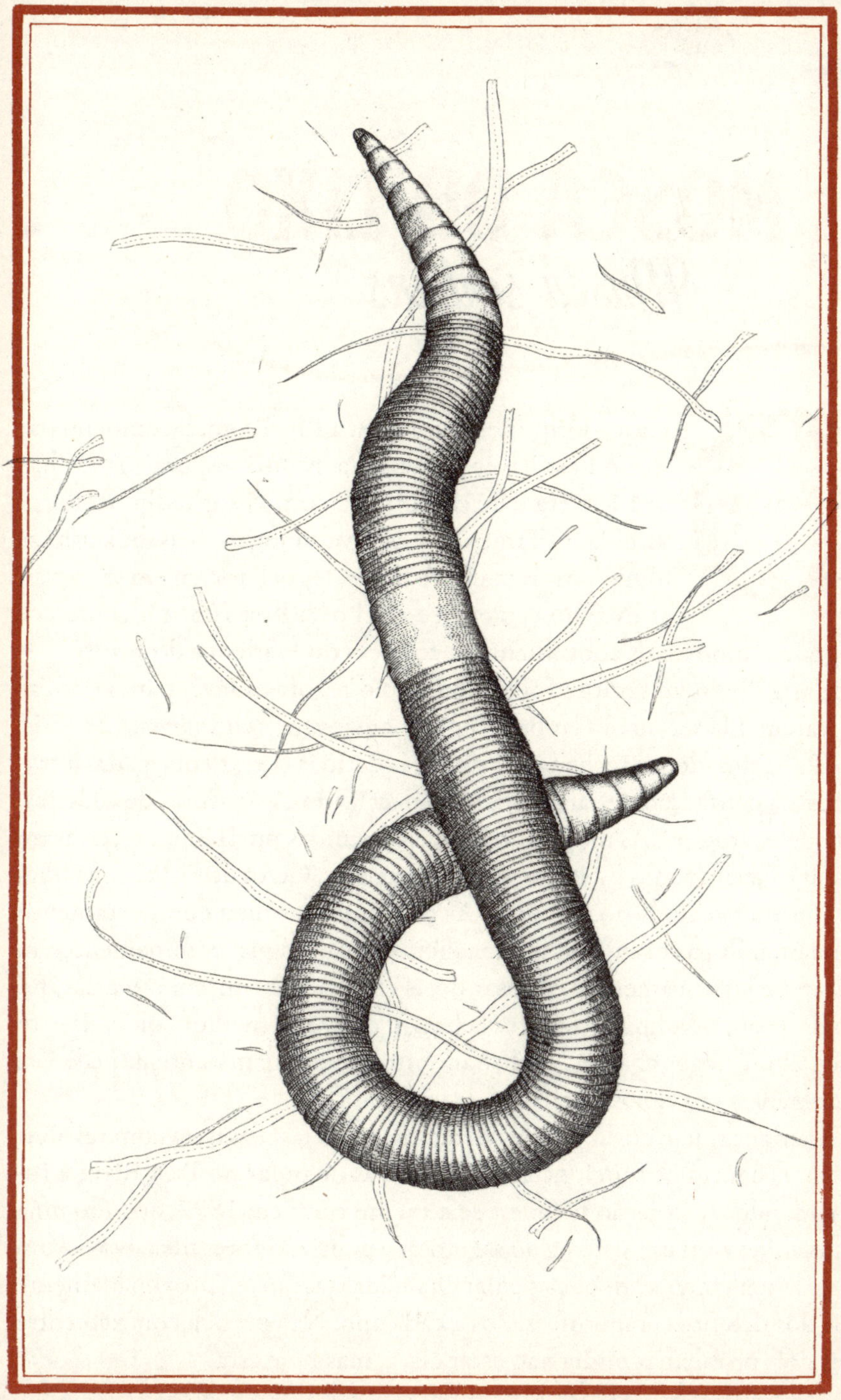

MOSCA DO LIXO

Musca sorbens

Os nova-iorquinos conhecem a Ilha Randall como um oásis no East River dedicado a eventos esportivos, trilhas de bicicleta e de caminhada com vistas deslumbrantes da cidade. Times da liga juvenil jogam beisebol, atletas olímpicos treinam e bandas de rock tocam em shows ao ar livre no verão. Acessível pela Rua 103, a ilha oferece programas esportivos convenientes a crianças do Harlem e do Bronx.

Mas a ilha nem sempre foi um lugar tão recomendável para crianças brincarem. Ela serviu de "lar de refúgio" para jovens delinquentes de 1854 até 1935, quando foi fechada. As crianças detidas lá eram obrigadas a trabalhar na confecção de saias de armação, calçados, estruturas de cadeiras, peneiras e ratoeiras. As meninas cozinhavam, cuidavam da limpeza, lavavam roupas e faziam todos os uniformes dos detentos. Cerca de meia a uma hora por dia era dedicada aos estudos. As punições por mau comportamento incluíam ir dormir sem jantar, uma dieta de pão e água, confinamento em solitária e espancamentos. Apesar de as crianças dormirem em celas, no ano de 1860, os administradores acharam que seria melhor colocá-las em redes, em recintos abertos, onde o monitoramento constante impediria a "indulgência em vício solitário".

As crianças não gostaram desse tratamento. Elas reagiram com revoltas violentas contra os funcionários e tentativas de pular no East River e fugir nadando. A situação ficou especialmente ruim em 1897, quando uma inspeção revelou um sistema de esgoto que emitia "odores ofensivos" e um surto de uma terrível doença ocular chamada tracoma. Aproximadamente 10% dos detentos eram infectados a cada ano. Na época, a conexão entre esses dois problemas podia não estar clara, mas hoje está.

O tracoma costumava ser uma doença comum nos Estados Unidos, e era com frequência vista em imigrantes que tentavam entrar por meio da Ilha Ellis. Hoje, quase não se ouve falar dela nos países ricos, mas a doença é muito comum em áreas de pobreza extrema, campos de refugiados e prisões do mundo todo.

A bactéria que causa tracoma, *Chlamydia trachomatis*, provoca uma inflamação na pálpebra superior, o que pode levar a um ciclo de inchaços e cicatrizações que encurtam o revestimento interno e acabam puxando os cílios para dentro do próprio olho. Essa condição incrivelmente dolorosa, chamada triquíase, leva a danos na córnea e problemas de visão. Se ficar sem tratamento, a pessoa pode ficar cega.

Atualmente, 84 milhões de pessoas estão infectadas com a doença, e 8 milhões estão perdendo a visão. Ela é encontrada em partes das Américas Central e do Sul, África, Oriente Médio, Ásia e Austrália. Embora seja possível tratar a infecção com antibióticos e os problemas de visão com transplantes de córnea, muitas vezes eles não estão disponíveis em países mais pobres, onde, nesse caso, a doença se torna especialmente debilitante em mulheres, que não podem cozinhar no fogo nem trabalhar nas lavouras com essa condição. Portanto, elas passam a depender das crianças — geralmente meninas — para ficarem em casa e ajudá-las, em vez de irem para a escola. Em alguns casos, as mulheres são abandonadas pelos maridos.

Embora a doença possa ser espalhada por contato próximo, especialmente entre mãe e filho, os funcionários de saúde também colocam a culpa diretamente na *Musca sorbens*, uma parente da mosca doméstica comum que ganhou o nome nada lisonjeiro de "mosca do lixo" por seu hábito de se aglomerar em volta de latrinas, lixo e montes de esterco, contaminando as patas peludas com bactérias e transportando-as por aí.

Soldados no Vietnã relataram que as moscas eram tão numerosas nos refeitórios que era impossível não comer algumas durante as refeições.

Medidas sanitárias básicas, como lavar as mãos e usar panos limpos para higienizar o rosto das crianças, podem controlar a disseminação da doença, mas eliminar a onipresente mosca do lixo é uma batalha maior. Em áreas com latrinas abertas e montes de lixo, as moscas são tão numerosas que as pessoas logo desistem de espantá-las e passam os dias com moscas entrando e saindo do nariz, boca e olhos. Soldados no Vietnã relataram que as moscas eram tão numerosas nos refeitórios que era impossível não comer algumas durante as refeições.

A solução está na construção de latrinas projetadas para manter as moscas longe. Um projeto, chamado de latrina de fossa ventilada, é considerado por organizações sanitárias uma das melhores abordagens para manter a mosca do lixo longe da vida das pessoas. Ela possui um tubo de ventilação coberto por uma tela para afastar as moscas. O tubo também capta as correntes de vento e as usa para circulação, levando os odores embora. Um representante do Carter Center, uma fundação de Jimmy Carter, anunciou recentemente que esperavam instalar 10 mil latrinas dessas na Etiópia, mas os locais gostaram tanto da ideia que instalaram 90 mil. Relembrando a infância de Carter, o porta-voz disse: "Elas se parecem com as casinhas que as pessoas na Geórgia usavam cinquenta anos antes".

TAMANHO *6-8 mm*

FAMÍLIA *Muscidae*

HABITAT *Matéria orgânica em decomposição, incluindo esgoto, lixo, animais mortos e outros resíduos*

DISTRIBUIÇÃO *Encontrada em climas mais quentes no mundo todo, especialmente em áreas de habitação humana*

Conheça a família

Essa família de moscas inclui a mosca comum, Musca domestica, e as moscas de estábulo.

MOSCA-DAS-FRUTAS--DO-MEDITERRÂNEO

Ceratitis capitata

Em 1929, um entomologista da Flórida declarou: "A presença da mosca-do-mediterrâneo na Flórida necessita de uma guerra de dimensões continentais... Ela é uma inimiga que os Estados Unidos nunca antes foram compelidos a combater. Não se ganhará nada ao subestimar a seriedade de suas devastações, pois ela age de forma rápida, silenciosa e persistente, e até agora não encontrou nenhum inimigo parasita".

E tem sido uma guerra e tanto. A mosca-das-frutas-do-mediterrâneo é tão temida que, quando uma única mosca foi encontrada no Aeroporto Internacional de Miami em 1983, isso virou manchete no *New York Times*. A mosca chegou até a ser enviada a Washington D.C. para um teste de gravidez, onde, para alívio de todos, comprovou-se infértil.

A mosca já tinha aparecido muito nos noticiários. Em 1981, o governador da Califórnia, Jerry Brown, enfrentou um terrível dilema político: permitir a pulverização aérea de malation para matar o inseto, o que afastaria os ambientalistas que o apoiavam, ou se recusar a permiti-la, o que poderia destruir a indústria agrícola multibilionária da Califórnia. Ele segurou a pulverização o máximo que achou que podia, mas famílias de Los Angeles, San Jose e outras áreas acabaram acordando à noite com o barulho de helicópteros pulverizando pesticida sobre seus bairros. Aqueles que se

Contrabandistas que traziam bebidas ilegais das Bermudas embalavam as garrafas em palha, o que abrigava as moscas.

opuseram à pulverização viram o diretor do Departamento de Conservação da Califórnia bebendo um copo de malation diluído em uma coletiva de imprensa para provar que era seguro.

A mosca-das-frutas-do-mediterrâneo é nativa da África subsaariana e provavelmente pegou uma carona para os Estados Unidos em produtos importados (a Lei Seca também pode ter tido algo a ver com isso: contrabandistas que traziam bebidas ilegais das Bermudas embalavam as garrafas em palha, o que abrigava as moscas). Como toda nova aparição da mosca nos Estados Unidos encontrou grandes esforços de erradicação, ela ainda não se estabeleceu de forma permanente por lá.

A mosca completa todo o seu ciclo de vida em apenas vinte a trinta dias. As fêmeas depositam seus ovos logo abaixo da casca de uma fruta — geralmente cítricos, maçãs, peras ou pêssegos — e podem preencher esse buraco com dezenas de ovos de cada vez. Eles eclodem, e as larvas começam a comer a fruta imediatamente, deixando-a inútil para colheita. Elas vão embora após uma ou duas semanas — o período exato depende do amadurecimento da fruta e do clima — e caem no chão para um estágio de pupa que dura mais umas duas semanas. As adultas emergem, acasalam, e as fêmeas rapidamente põem um punhado de ovos. Com tempo bom, as moscas adultas podem viver por mais seis meses, comendo as plantações e botando ovos o tempo todo. Até 250 variedades de frutas e vegetais podem hospedar as moscas.

A campanha de pulverização de 1981 manteve as moscas sob controle — ao menos durante um tempo. O estado gastou 100 milhões de dólares para controlar a praga, apenas para vê-la reaparecer oito anos depois. Mais uma rodada de pulverização aérea, aliada à liberação de machos estéreis, instalação de armadilhas e uma rígida quarentena evitaram outro desastre. A mosca reapareceu em 2009, trazendo mais uma rodada de quarentenas e outras medidas de controle. Esforços semelhantes foram feitos em outros lugares da América do Norte e também na América do Sul e Austrália, onde a praga ameaçou plantações.

Um dos momentos mais estranhos na história da mosca-do-mediterrâneo aconteceu em dezembro de 1989, quando um grupo de ecoterroristas que se chamavam de "The Breeders" ("Os Criadores") enviou uma carta ao prefeito de Los Angeles ameaçando soltar enxames de moscas-do-mediterrâneo se não concordassem em interromper a pulverização aérea de pesticidas. De fato, as autoridades perceberam padrões incomuns de infestação da mosca, o que pode ter sido resultado de sabotagem. Ninguém jamais foi pego, e muitas autoridades suspeitaram que a ameaça era apenas uma farsa.

TAMANHO *6,3 mm*

FAMÍLIA *Tephritidae*

HABITAT *Áreas tropicais e pomares onde haja abundância de frutas*

DISTRIBUIÇÃO *África, Américas do Norte e do Sul, Austrália*

Conheça a família

Existem cerca de 5 mil espécies de moscas-das-frutas nessa família, incluindo a Bactrocera oleae, *a mosca-da-azeitona;* Anastrepha striata, *a mosca-da-goiaba; e* Dacus ciliatus, *a mosca-da-abóbora.*

MOSCA-TSÉ-TSÉ

Glossina sp.

Em 1742, um cirurgião chamado John Atkins descreveu uma condição que chamou de "doença do sono". Ela afligia pessoas escravizadas levadas da África Ocidental e parecia chegar sem nenhum aviso, a não ser uma falta de apetite seguida por um estado de sono tão profundo que nem mesmo uma surra os acordaria. "Seus sonos são profundos", escreveu ele, "e as sensações poucas, de modo que puxar, bater ou chicotear mal desperta sentido e força suficientes para se mexerem; no momento que você deixa de bater, a dor é esquecida e eles caem novamente em um estado de insensibilidade."

Quando bater não dava certo, aconselhou o médico, devia-se tentar de tudo para acordá-los. "Tenta-se a cura com qualquer coisa que desperte os espíritos; tirar sangue na jugular, purgações rápidas... e mergulhos repentinos no mar: esse último é mais eficaz quando a doença é recente e o paciente ainda não está babando pela boca e nariz." Ele teve que admitir, no entanto, que nenhum desses métodos torturantes de fato funcionava e a doença geralmente era fatal.

Atkins atribuiu essa estranha aflição a tudo, de "uma superabundância de fleuma", passando pelo que ele considerava uma indolência e inatividade comum às pessoas escravizadas, até à "fraqueza natural do cérebro". Não lhe ocorreu investigar as atividades de uma grande mosca irritante que fazia um som de tsé-tsé enquanto zumbia por ali. Demoraria mais de cem anos até a verdadeira causa da doença do sono ser conhecida.

A mosca-tsé-tsé é encontrada principalmente ao sul do deserto do Saara, na África. Tanto os machos quanto as fêmeas precisam se alimentar de sangue para sobreviver. Existem cerca de trinta espécies da mosca que atacam os humanos em partes diferentes do corpo. A *Glossina morsitans*, por exemplo, pica em qualquer parte, enquanto a *G. palpalis* prefere se alimentar acima da cintura, e a *G. tachinoides* geralmente ataca abaixo do joelho. A maioria das moscas-tsé-tsé é atraída por cores vibrantes; usar roupas de cores neutras é uma forma de afastá-las.

As moscas se alimentam do sangue de animais selvagens, gado e humanos, às vezes transmitindo um protozoário do gênero *Trypanosoma* de uma criatura infectada a outra. A doença passa para o sistema linfático, provocando um inchaço extremo dos gânglios conhecido como sinal de Winterbottom. A infecção chega até o sistema nervoso central e o cérebro, causando irritabilidade, fadiga, dores, mudanças de personalidade, confusão e fala arrastada. Se ficar sem tratamento, uma pessoa pode morrer em seis meses, geralmente de insuficiência cardíaca.

Embora a mosca exista há pelo menos 34 milhões de anos, a doença que ela transmite foi mencionada apenas ocasionalmente nos primeiros escritos médicos. Só quando exploradores europeus começaram a passar com grandes expedições de animais e trabalhadores pelo continente africano que a doença do sono, chamada de tripanossomíase africana, tornou-se difundida. De fato, Henry Morton Stanley, o homem que encontrou David Livingstone na África em 1871, viajou pela Uganda com um grande grupo de gado e homens, seguido pela mosca-tsé-tsé, que acompanhava a expedição por causa da fonte de alimento fácil. Ele deixou uma epidemia de doença do sono em seu rastro, que dizimou até dois terços da população da região.

Existem duas formas da doença, uma encontrada na África Oriental e outra na África Ocidental. Estima-se que 50 a 70 mil pessoas estejam infectadas com a doença atualmente, mas esse número era dez vezes maior apenas uma década atrás.

Henry Morton Stanley, o homem que encontrou David Livingstone na África, deixou uma epidemia de doença do sono em seu rastro pela Uganda que dizimou até dois terços da população da região.

Uma estratégia para controlar a doença se concentra na mosca-tsé-tsé em si. Cientistas da Agência Internacional de Energia Atômica tiveram certo sucesso com uma "técnica de inseto estéril", que envolve a criação de machos da mosca em laboratório, expondo-os a radiação para deixá-los estéreis e depois soltando-os para acasalarem com as fêmeas, que terminariam seu ciclo de vida sem se reproduzirem de fato.

Infelizmente, os medicamentos disponíveis para pessoas infectadas com a doença do sono são quase tão perigosos quanto a própria doença. Um deles, eflornitina, foi desenvolvido originalmente como tratamento contra o câncer e depois descobriu-se que funcionava contra a forma de doença do sono da África Ocidental. Como sua produção era muito cara, a companhia farmacêutica retirou o medicamento das prateleiras nos anos 1990, mas começou a produzi-lo novamente alguns anos depois, após pressão da Organização Mundial de Saúde. Recentemente, um novo uso do medicamento, mais bem-sucedido comercialmente, ajudou a impulsionar sua produção: é o ingrediente ativo de um novo creme facial usado por mulheres para tratamento de pelos faciais indesejados. Com um lucrativo uso cosmético do medicamento, ele está novamente disponível para tratar a doença do sono.

TAMANHO *6 a 14 mm*

FAMÍLIA *Glossinidae*

HABITAT *Encontrada em florestas tropicais, savanas e matagais*

DISTRIBUIÇÃO *África, principalmente ao sul*

Conheça a família

Existem cerca de 25 espécies de moscas-tsé-tsé, e elas constituem toda a família Glossinidae.

MOSQUITO

Anopheles sp.

No dia 10 de julho de 1783, quando a Guerra de Independência dos Estados Unidos estava chegando ao fim, George Washington escreveu a seu sobrinho que "a sra. Washington já teve três vezes os calafrios e febres e pegou outra vez. Apesar de melhor, tendo impedido o surto ontem com uma aplicação abundante da Casca, ela está muito indisposta para lhe escrever".

Os "calafrios e febres" a que o futuro primeiro presidente dos Estados Unidos estava se referindo eram malária, uma doença que o atormentou desde a adolescência e também infectou sua esposa. Ele sofreu várias crises ao longo dos anos, além de varíola, febre tifoide, pneumonia e gripe. E, apesar de o tratamento para malária — quinina, extraída da casca da árvore sul-americana quina — já estar em uso na Europa, os Washington só tiveram acesso a ela mais tarde na vida. Infelizmente, o presidente tomou tanto o medicamento que causou uma grave perda de audição durante o segundo ano de seu mandato — um conhecido efeito colateral da toxicidade da quinina.

A malária é chamada de nossa eterna inimiga porque é anterior aos humanos, como comprovado por testes em mosquitos de 30 milhões de anos preservados em âmbar. Os primeiros textos médicos faziam referência a uma febre malárica, e alguns até sugeriam que a causa podia ser uma picada de inseto. Mas a palavra italiana *malaria*, que significa "ar ruim", insinua a crença comum de que a malária estava simplesmente presente no ar.

Como hoje sabemos, os culpados são os mosquitos. Eles transmitem não só malária, mas também dengue, febre amarela, febre do vale Rift e cerca de mais uma centena de doenças humanas. Aproximadamente uma em cada cinco doenças transmitidas por insetos vem de mosquitos, o que faz deles o inseto mais mortal do mundo. Acredita-se que a malária já tenha matado mais pessoas do que todas as guerras juntas.

A malária é causada por um parasita do gênero *Plasmodium*. As fêmeas dos mosquitos, não os machos, alimentam-se de sangue. Elas primeiramente devem se infectar, alimentando-se de um hospedeiro e pegando plasmódios machos e fêmeas, que depois se reproduzirão no corpo do mosquito e chegarão até as glândulas salivares. Como os mosquitos só vivem algumas semanas, podem não sobreviver o suficiente para que isso ocorra. Mas, se acontecer e as fêmeas se alimentarem de outra pessoa, o ciclo da doença continua. Elas injetam saliva na vítima, o que age como um anticoagulante. Se houver parasitas suficientes na saliva do mosquito, a vítima pode se infectar, mas é possível ser picado por um mosquito infectado e não pegar malária.

Os mosquitos são atraídos a seus hospedeiros por dióxido de carbono, ácido lático e octenol, componentes encontrados na respiração e no suor humanos. Eles também sentem o calor e a umidade ao redor do corpo. Gostam de cores escuras e parecem se atrair a pessoas que estejam se exercitando. Uma equipe de pesquisa na França descobriu recentemente que os mosquitos são mais atraídos a quem bebe cerveja. Em Rangum, Mianmar, os moradores podem levar até 80 mil picadas por ano. No norte do Canadá, onde as populações de mosquitos são altas, as pessoas podem ser picadas de 280 a 300 vezes por minuto. Nesse ritmo, levaria apenas noventa minutos para drenar metade do sangue de um corpo humano.

Atualmente, 41% da população mundial vive em regiões onde é possível pegar malária. Existem quase 500 milhões de casos no mundo todo, e todos os anos mais de 1 milhão de pessoas morrem, a maioria delas crianças pequenas na África subsaariana. Os especialistas estimam que controlar a malária no mundo custaria cerca de 3 bilhões de dólares. Os mosquiteiros desempenham um papel fundamental na proteção das pessoas à noite, quando os mosquitos estão ativos, e os medicamentos profiláticos, como a quinina, também são uma estratégia importante na prevenção da doença. Atualmente não existe vacina.

A malária teve um rápido papel de protagonista no possível tratamento de outra doença. Em 1927, Julius Wagner-Jauregg ganhou o Prêmio Nobel por ter inventado a ideia da malária terapêutica, a prática de infectar deliberadamente um paciente com malária a fim de provocar uma febre alta o bastante para matar algumas infecções. Ele usou essa técnica em pacientes com estágios avançados de sífilis. Depois de se curarem desta doença, ele administrava quinina para tratar a malária. Felizmente, a penicilina surgiu na década de 1940, dando fim ao que deve ter sido uma maneira terrível de combater doenças.

TAMANHO *Comprimento da asa 3 mm*

FAMÍLIA *Culicidae*

HABITAT *Varia muito, mas geralmente encontrados perto de corpos de água, de lagos e pântanos a poças isoladas*

DISTRIBUIÇÃO *Encontrados em climas tropicais, subtropicais e alguns temperados no mundo todo*

Conheça a família

Todos os mosquitos são encontrados na família Culicidae. Existem cerca de 3 mil espécies, das quais 150 vivem na América do Norte.

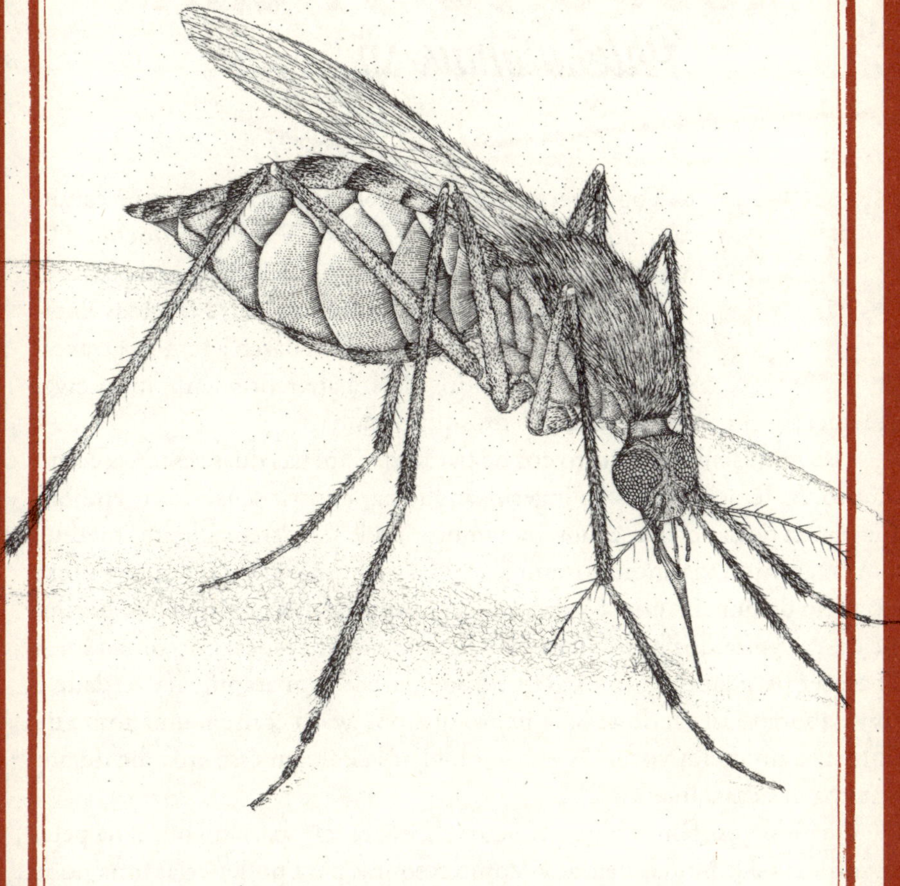

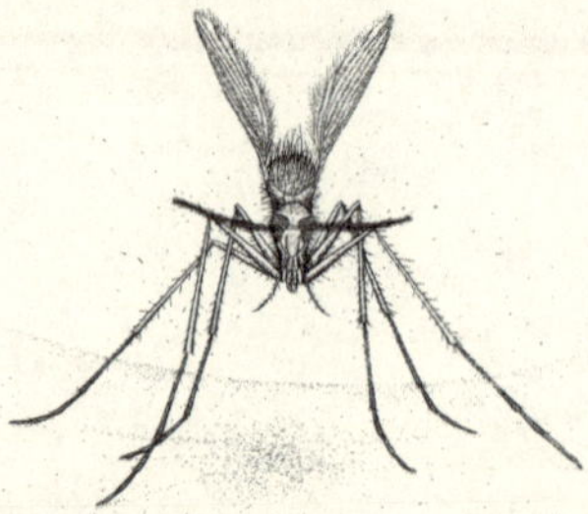

MOSQUITO-PALHA

Phlebotomus sp.

Ben Fogle, personalidade da televisão britânica, já teve muitas oportunidades de ser exposto a terríveis doenças. O apresentador de vários programas de aventura da BBC já foi abandonado em uma ilha remota das Hébridas Exteriores, cruzou o Atlântico em um barco a remo e atravessou o Saara correndo. Ele era aparentemente invencível até que, aos 34 anos, conheceu o mosquito-palha.

Esse minúsculo mosquito cor de palha vive apenas duas semanas como adulto. As fêmeas precisam ingerir sangue para nutrir seus ovos e, embora sua picada possa ser quase indolor, também pode ser extremamente irritante. Em áreas infestadas por mosquitos-palha, as pessoas muitas vezes se veem no meio de um enxame. Isso acontece porque os machos, que não picam, ficam em volta dos hospedeiros de sangue quente esperando uma fêmea aparecer para jantar. Então, o que pode parecer um ataque, na verdade é um elaborado ritual de acasalamento que por acaso contém uma fonte de alimento no meio: você. Os entomologistas chamam esse enxame de um sistema de acasalamento lek.

Quando uma fêmea pica, primeiro ela injeta seu aparelho bucal na pele, usando as mandíbulas dentadas como tesouras para poder criar uma poça de sangue para beber, e em seguida injeta uma substância anticoagulante que lhe permite saborear a refeição um pouco mais. Os mosquitos transmitem diversas doenças, mas talvez a mais conhecida seja a leishmaniose. Essa é a doença que quase matou Ben Fogle após uma expedição pelo Peru.

O mosquito-palha é um problema tão grande no Oriente Médio que as tropas lá destacadas se referem às lesões como "furúnculo de Bagdá".

Fogle começou a sentir sintomas parecidos com os da malária quando estava na floresta — tontura, dores de cabeça, falta de apetite — mas continuou gravando. Depois, voltou a Londres para treinar para uma expedição ao Polo Sul. Ele desmaiou durante o treinamento e ficou de cama por semanas, enquanto os médicos tentavam encontrar a resposta. Os testes de malária e outras doenças mais conhecidas pelos médicos britânicos deram negativo. Só quando uma ferida feia surgiu no seu braço foi que ele finalmente teve uma pista.

A leishmaniose é causada por um protozoário parasita transmitido de outros animais aos humanos através da picada do mosquito-palha. A doença assume diversas formas: leishmaniose cutânea, que causa uma ferida que pode levar meses ou até um ano para curar, e leishmaniose visceral, uma versão possivelmente fatal em que o protozoário infesta os órgãos internos. Outra forma, a leishmaniose mucocutânea, causa úlceras e danos duradouros em volta do nariz e da boca. Fogle teve o azar de ser infectado com a forma mais perigosa da doença, a visceral. Ele precisou de tratamento intravenoso de longo prazo, mas voltou ao trabalho, escrevendo, viajando e gravando novos programas.

A forma menos prejudicial da doença, a cutânea, é um problema tão grande no Oriente Médio que as tropas lá destacadas se referem às lesões como "furúnculo de Bagdá". Em 1991, recomendava-se aos soldados norte-americanos que voltavam da Guerra do Golfo que não doassem sangue durante dois anos devido à possibilidade de transmitir leishmaniose. Houve outro surto em 2003; apesar de os oficiais militares terem emitido alertas sobre a ameaça, inseticidas e mosquiteiros estavam em falta. Estima-se que mais de 2 mil soldados foram infectados, mas o número pode ser significativamente mais alto agora que eles são tratados em campo, em vez de serem levados a hospitais militares, onde as estatísticas são obtidas. Infelizmente, os médicos dos Estados Unidos podem não reconhecer as lesões na pele, já que a doença não é comum no país, e isso pode levar a erros de diagnóstico e atrasos no tratamento dos soldados que retornaram.

Em todo o mundo, cerca de 1,5 milhão de pessoas são infectadas com a forma cutânea da doença todos os anos, e 500 mil são diagnosticadas com a forma visceral. Os medicamentos usados no tratamento da doença são bastante sérios e requerem monitoramento constante. Embora pesquisas sobre uma vacina estejam em andamento, a única maneira de prevenir a doença atualmente é evitar o mosquito-palha, que é encontrado não só em climas desérticos, mas ao longo de regiões tropicais e subtropicais.

TAMANHO *Até 3 mm*

FAMÍLIA *Psychodidae*

HABITAT *Florestas, pântanos arborizados e regiões arenosas perto de fontes de água em climas tropicais e subtropicais*

DISTRIBUIÇÃO *As espécies de flebótomos são encontradas no Oriente Médio, sul da Europa e partes da Ásia e da África. Os mosquitos-palha do gênero* Lutzomyia, *que também transmitem leishmaniose, são encontrados em muitas partes da América Latina.*

Conheça a família

Existem dezenas de espécies de mosquitos sugadores de sangue que transmitem doenças, mas o inseto que a maioria dos norte-americanos chama de mosquito-palha na verdade é um parente mais distante chamado mosquito-pólvora picador.

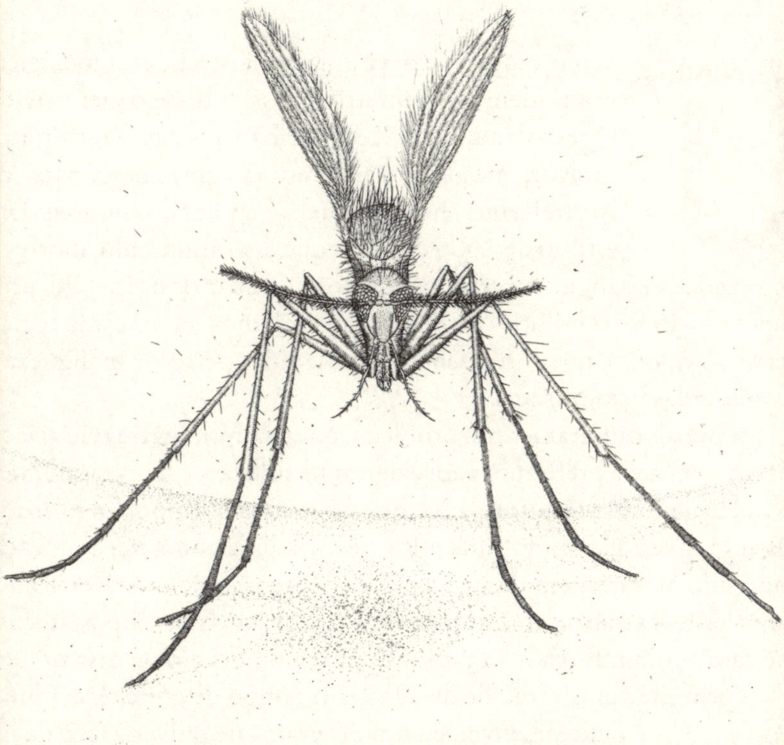

MOSQUITO-PÓLVORA PICADOR

Culicoides spp.

"Um mosquito-pólvora é uma preciosidade entomológica; mil podem ser o inferno!" Assim disse o cientista de Queensland, D. S. Kettle. Ele bem sabe: o mosquito-pólvora picador é uma praga tão grave nessa parte da Austrália que chega a depreciar o valor dos imóveis. Um estudo de 2006 estimou que esse minúsculo aborrecimento sugador de sangue foi responsável por derrubar os preços das propriedades em 25 a 50 milhões de dólares australianos na desejada região de Hervey Bay, onde novas residências construídas perto de manguezais foram infestadas pelos insetos.

Os mosquitos causaram tanto problema que os proprietários enraivecidos marcharam até a prefeitura para exigir uma solução, e houve até ameaças de violência contra as autoridades locais. Em pouco tempo, foi formado um Comitê Investigativo do Mosquito-Pólvora para combater a ameaça. Segundo uma reportagem da comunidade, "a tensão de conviver com o mosquito-pólvora causou até o rompimento de casamentos", supostamente porque casais foram forçados a passar mais tempo dentro de casa do que aproveitar uma tarde de descanso no campo de golfe. A comunidade desenvolveu um programa de pulverização de inseticida que foi eficaz contra os mosquitos-pólvora e outros mosquitos, atendendo aos requisitos das agências ambientais da Austrália, e pareceu apaziguar os ânimos dos moradores furiosos.

"Um mosquito-pólvora é uma preciosidade entomológica; mil podem ser o inferno!"

O mosquito-pólvora, que também é chamado de maruim, é uma mosquinha preta minúscula que gosta de se reunir em torno de praias e lagos, tornando-se uma enorme irritação aos turistas (o mosquito-pólvora às vezes é chamado de mosca de areia, mas são insetos bem diferentes).

Os mosquitos-pólvora usam o modo de alimentação em poça. Eles gostam de perfurar a pele e simplesmente lamber o sangue que escoa em vez de ter todo o trabalho de procurar um vaso sanguíneo. Suas picadas podem provocar uma reação alérgica que deixa horríveis marcas vermelhas e inchadas. Essa reação às vezes é chamada de coceira doce ou, na Austrália, coceira de Queensland. Só as fêmeas picam, mas os machos rodeiam as pessoas o tempo todo, esperando as fêmeas aparecerem para o jantar e dando às vítimas a impressão de estarem sendo constantemente atacadas.

Amantes de acampamentos, praias e jogadores de golfe nas costas do Golfo e do Atlântico há muito tempo sofrem com ataques de mosquitos-pólvora durante os meses de verão. Na Escócia, o chamado mosquito-pólvora-das-terras-altas, *C. impunctatus*, é tão agressivo que impede turistas de fazerem caminhadas ou jogarem golfe perto dos famosos pântanos e lagos do país durante o verão. Uma empresa local de controle de pragas estabeleceu a Previsão do Mosquito-Pólvora-Escocês para ajudar a prever infestações com base nas condições climáticas e incentivar os turistas a programarem suas viagens de acordo.

Embora os mosquitos-pólvora não sejam conhecidos por transmitir doenças nos Estados Unidos, no Brasil e por toda a Amazônia os maruins e outros mosquitos transmitem uma doença semelhante à dengue chamada febre oropouche, que provoca graves sintomas parecidos com os da gripe, mas que geralmente resulta em recuperação total. Em algumas partes do Brasil, até 44% da população testa positivo para anticorpos desse vírus.

A picada do mosquito-pólvora também pode trazer um nematoide parasita do gênero Mansonella. Os minúsculos vermes geralmente habitam os humanos sem serem detectados, dificultando o diagnóstico, mas também tornando o tratamento menos urgente. Recentemente, cientistas descobriram que os nematoides requerem uma quantidade abundante de bactéria em seus intestinos. Após administrar uma rodada de antibióticos aos pacientes de uma aldeia na África Ocidental, as bactérias dentro dos nematoides morreram, e em seguida os próprios nematoides. Porém, como a doença é relativamente branda, causando apenas coceira, erupções e fadiga, parece improvável que antibióticos sejam distribuídos em grande escala para que as pessoas se livrem do parasita.

O maruim representa uma ameaça mais séria ao gado do mundo todo, transmitindo uma doença chamada língua azul, que causa muita febre, inchaço no rosto e na boca e a característica língua azul. Graças à migração do mosquito-pólvora picador, essa doença se espalhou pela maior parte do mundo e está gradualmente se deslocando para climas mais setentrionais, com os próprios mosquitos se movendo para o Norte, talvez devido às mudanças climáticas.

TAMANHO *1-3 mm*

FAMÍLIA *Ceratopogonidae*

HABITAT *Próximo a praias, lagos, brejos e outras áreas semelhantes; mais ativo em regiões quentes e úmidas*

DISTRIBUIÇÃO *Principalmente Américas do Norte e do Sul, Austrália e Europa, mas também no restante do mundo todo*

Conheça a família

Os maruins são mosquitos de verdade, parentes dos borrachudos, pernilongos e outras pequenas pragas sugadoras de sangue. Existem cerca de quatro mil espécies de maruins no mundo todo.

PERCEVEJO AFRICANO

Afrocimex constrictus

Quando uma família da Carolina do Norte descobriu pequenos parasitas sugadores de sangue em casa, parecidos com percevejos-de-cama, eles não faziam ideia de que o pior ainda estava por vir. Os bichinhos eram um sinal de que morcegos tinham fixado residência no sótão. Esses percevejos são parasitas que preferem os mamíferos alados, mas procuram outras criaturas de sangue quente quando ficam com muita fome. Eles não precisam se alimentar com frequência (um percevejo adulto pode sobreviver com uma refeição de sangue por ano), mas, para terem energia para se reproduzir, jantam repetidamente o sangue de morcegos vivos. Os insetos não vivem nos morcegos em si, mas se escondem nas reentrâncias quentes e secas de sótãos ou árvores ocas onde os morcegos também vivem, e se alimentam quando os morcegos voltam para casa e se empoleiram nas primeiras horas da manhã.

Alarmada pela presença desses bichos e dos morcegos dos quais eles se alimentam, a família contatou um exterminador, que lhes aconselhou a esperar até o outono, quando os morcegos jovens teriam idade suficiente para saírem voando sozinhos do sótão. Então as fendas e rachaduras em torno do telhado poderiam ser remendadas enquanto os morcegos estivessem longe. Usando esse método, eles acabaram conseguindo se livrar dos animais em casa. Infelizmente, os percevejos não foram despejados com a mesma facilidade.

Em laboratórios, colônias de percevejos são rapidamente extintas porque as fêmeas simplesmente não conseguem escapar das atenções dolorosas e destrutivas dos machos.

Uma vez que os hospedeiros foram embora, os percevejos passaram a vagar pela casa e se alimentar de humanos. Os sinais de infestação incluem vergões na pele, geralmente em grupos de dois ou três, e coceira. As picadas geralmente são inofensivas, embora possam ficar inflamadas ou infectadas pelo excesso de coceira. Os insetos em si são raramente vistos, já que normalmente se alimentam enquanto o hospedeiro está dormindo. Com apenas três milímetros, de formato oval e cor vermelho-escura, são quase indistinguíveis de seus parentes próximos, os percevejos-de-cama.

Embora seja desconfortável para humanos dividirem a casa com essas criaturas, isso não é nada comparado ao que as fêmeas dos percevejos passam quando fazem o mais íntimo dos atos com um membro do sexo oposto. Todas as espécies de percevejos participam de uma forma de cópula chamada inseminação traumática, na qual o macho ignora completamente a vagina da fêmea e perfura o abdômen dela com seu pequeno pênis terrivelmente afiado. O esperma vai direto para a corrente sanguínea, onde parte dele chega aos órgãos reprodutores e o restante é simplesmente absorvido e eliminado.

Esse arranjo não é nada agradável para os percevejos fêmeas. Em laboratórios, colônias de percevejos são rapidamente extintas porque as fêmeas simplesmente não conseguem escapar das atenções dolorosas e destrutivas dos machos por tempo o suficiente para se curarem e darem à luz com segurança. Para contornar esse problema, a fêmea de uma subespécie, a africana *Afrocimex constrictus*, desenvolveu um receptáculo totalmente novo, chamado espermalege, projetado para redirecionar as repetidas estocadas do macho para um local específico do abdômen, onde podem ser mais facilmente acomodadas.

Para complicar ainda mais as coisas, os machos amorosos também perfuram os corpos dos percevejos machos. Esses machos, ainda mais insatisfeitos do que as fêmeas, desenvolveram versões mais resistentes do espermalege, na esperança de se protegerem contra os irmãos loucos por sexo. Isso funcionou tão bem que as fêmeas perceberam. Elas estão começando a copiar os machos, imitando a versão mais robusta dessa falsa genitália inventada originalmente por elas. Esse caso extraordinário de fêmeas-imitando-machos-imitando-fêmeas resultou no que um cientista confuso chamou de "viveiro de enganações" no distorcido mundo do romance dos percevejos.

TAMANHO *5 mm*

FAMÍLIA *Cimicidae*

HABITAT *Próximo a colônias de morcegos, geralmente árvores ou cavernas, às vezes beirais e sótãos de casas*

DISTRIBUIÇÃO *O percevejo africano é nativo do leste da África, mas outras espécies de percevejos são encontradas no mundo todo, onde quer que haja grandes populações de morcegos, incluindo o Meio-Oeste norte-americano.*

Conheça a família

O percevejo de morcego tem parentesco próximo com os percevejos-de-cama e alguns outros insetos que tiram seu sustento da hematofagia, a prática de se alimentar do sangue quente de animais.

PERCEVEJO-DE-CAMA

Cimex lectularius

Em Toronto, um homem de sessenta anos foi ao médico reclamando de cansaço. Ele era diabético, alcoólico em recuperação com apenas um ano de sobriedade e ex-usuário de crack, portanto, cansaço era o menor de seus problemas. Mas o médico descobriu uma anemia grave, que tratou com uma dose prescrita de ferro. Um mês depois, o homem voltou com sintomas ainda piores, precisando de transfusão de sangue antes de poder voltar para casa. Algumas semanas depois, precisou de outra transfusão. A perda de sangue era inexplicável e assustadora.

Então, o médico fez uma visita ao paciente em casa. De imediato, o problema ficou aparente: percevejos-de-cama estavam em toda parte. Dava até para vê-los rastejando em cima do homem durante a visita. O departamento de saúde pública foi chamado; após borrifarem inseticida no apartamento e removerem a mobília antiga, o homem gradualmente se recuperou.

O percevejo-de-cama se desloca à noite, na penumbra, tateando o caminho em direção ao calor e ao odor tentador de dióxido de carbono. Ele se aproxima de seu jantar — no caso, você — com as antenas estendidas, apertando a pele com força usando suas minúsculas garras. Assim que estiver bem preso, ele começa a balançar para frente e para trás, enfiando órgãos de alimentação semelhantes a agulhas, chamados de estiletes, na pele. Ele pica delicadamente, perfurando a pele só o suficiente para fazer o sangue fluir. Os estiletes procuram embaixo da pele um vaso sanguíneo de bom tamanho para furar. A saliva do percevejo contém um anticoagulante para impedir a coagulação e permitir que ele possa se estabelecer e se alimentar. Se o deixarem quieto para curtir a refeição, ele se alimenta por cerca de cinco minutos e vai embora. Mas, caso você bata no inseto durante o sono, ele provavelmente vai andar uma curta distância e picar de novo, levando a uma série reveladora de três furos sequenciais. Os dermatologistas chamam essas picadas de "café da manhã, almoço e jantar".

Os dermatologistas chamam as picadas de percevejo-de-cama de "café da manhã, almoço e jantar".

Antes da Segunda Guerra Mundial, os percevejos-de-cama eram um fato da vida nos Estados Unidos e ao redor do mundo. Pesticidas desenvolvidos nessa época ajudaram a eliminá-los, mas agora o parasita chupador de sangue está de volta. Os motivos de sua reaparição incluem o aumento das viagens internacionais, redução do uso de pesticidas de amplo espectro em favor de alvos direcionados e, de forma alarmante, a própria resistência dos percevejos aos controles químicos. Pesquisadores da Universidade de Massachusetts relataram que os percevejos de Nova York apresentam novas mutações em células nervosas que lhes permitem sobreviver à exposição a ingredientes neurotóxicos presentes em sprays contra insetos. Em especial, os pesquisadores descobriram que sprays de piretroide, a versão sintética de um inseticida natural derivado das flores de crisântemo, tinham pouco efeito nos percevejos de Nova York, enquanto uma população coletada na Flórida foi facilmente exterminada pelos venenos.

O que isso significa para o nova-iorquino comum? Embora os percevejos-de-cama não tenham demonstrado transmitir doenças, as picadas podem causar reações alérgicas, inchaço, erupções cutâneas e infecções secundárias pela coceira. A perda de sangue resultante de uma infestação pode ser grave o bastante para causar anemia, especialmente em crianças e pessoas com saúde debilitada. Só a perda de sono e estresse emocional são suficientes para causar graves problemas psicológicos.

Um percevejo-de-cama pode sobreviver até um ano sem se alimentar. Na natureza, ele pode viver em um ninho ou caverna junto de sua presa. Na cidade, prefere estofados, papéis de parede soltos ou espaços secos e escuros atrás de quadros ou dentro de interruptores de luz. As piores infestações podem vir acompanhadas de rajadas de fezes ao longo do acolchoamento dos estofados. Um odor estanho e adocicado, oriundo das glândulas odoríferas do inseto, impregna as casas com grandes populações deles. Os compostos que eles produzem, hexanol e octenol, são usados para se comunicarem com outros percevejos, mas o cheiro é uma pista que cães treinados podem detectar, mesmo que as pessoas não consigam. O cheiro já foi descrito como semelhante ao do coentro, e na verdade o nome da planta vem da palavra grega *koris*, que quer dizer inseto. Na maior parte das vezes, os bichos não viajam com as pessoas, embora pessoas sem-teto que não mudam de roupa com frequência possam descobrir que os percevejos os seguem por toda parte, botando ovos dentro das roupas ou até mesmo debaixo das unhas grandes dos pés.

Controlar os percevejos-de-cama não é fácil, especialmente em prédios de apartamentos, onde podem passar de um cômodo a outro através de canos ou rachaduras no gesso. Os moradores da cidade estão começando a evitar a compra de móveis usados por medo de caronas indesejadas, e empresas de colchões aprenderam na marra que usar o mesmo caminhão para levar embora colchões antigos e entregar novos pode perpetuar a mesma infestação que as pessoas estão tentando eliminar.

Um novo e promissor controle é um antiquado pó dessecante, que faz bagunça, mas não é tóxico, misturado aos próprios feromônios dos insetos. Esse chamado "feromônio de alarme" os estimula a se levantarem e saírem andando, expondo-os a uma quantidade suficiente do dessecante que faz com que simplesmente sequem e morram. Uma forma ainda mais natural de controle de pragas pode aparecer sozinha: a centopeia caseira, *Scutigera coleoptrata*, alimenta-se de percevejos-de-cama, bem como o chamado "assassino mascarado", *Reduvius personatus*, um tipo de inseto assassino hematófago como o barbeiro, que faz sua refeição roubando o sangue dos percevejos.

TAMANHO *4-5 mm*

FAMÍLIA *Cimicidae*

HABITAT *Ninhos, cavernas e outros locais quentes e secos perto de fontes de comida*

DISTRIBUIÇÃO *Regiões temperadas em todo o mundo*

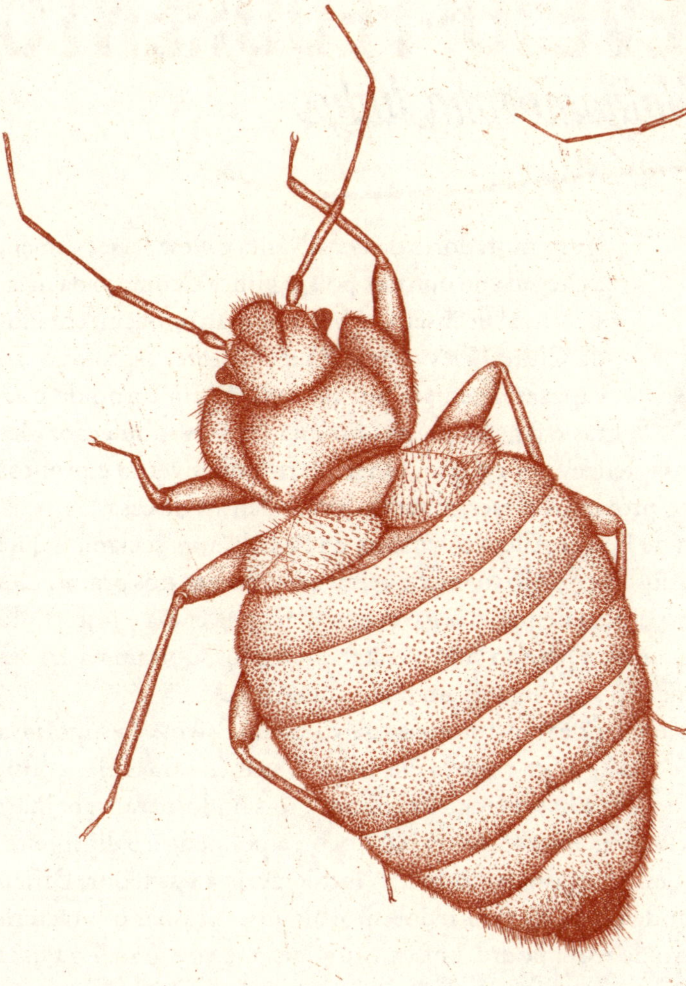

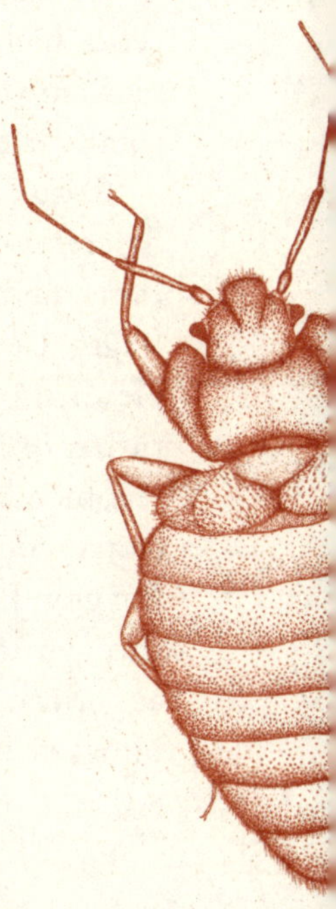

Conheça a família

A família Cimicidae inclui não só os percevejos-de-cama, mas também os percevejos de morcegos e de pássaros; todos dependem do sangue de suas presas para sobreviver.

PERCEVEJO-FEDORENTO

Halyomorpha halys

Alguns moradores da Pensilvânia e New Jersey temem a chegada do outono, pois significa o começo da invasão anual de insetos achatados marrom-acinzentados da China. Eles rastejam nos menores buracos e são capazes de entrar por rachaduras em torno de portas e janelas, frestas no sótão e pela tubulação. Eles se sentem em casa, felizes por estarem longe do frio do inverno e prontos para passarem os próximos meses curtindo a vida dentro de casa.

Uma família de Lower Allen Township, na Pensilvânia, reclamou que, ao abrir os armários da cozinha, os bichos estavam sentados nos pratos. Eles os encontraram à espera dentro das gavetas, debaixo da cama e rastejando pelo sótão às centenas. Quando veio o Natal, os insetos subiram na árvore da família e tomaram seus lugares em meio aos enfeites.

O marido, que sofre de transtorno obsessivo-compulsivo, não suportava ver os bichos. Ele passou fita adesiva em volta das janelas, mas eles continuavam voltando. Não havia trégua nem mesmo saindo para trabalhar: como carteiro, ele os encontrava nas caixas de correspondência o dia inteiro.

O que torna esses invasores do lar tão intoleráveis é seu fedor. Difícil descrever o odor de um percevejo-fedorento; algumas pessoas o caracterizam como cheiro de fruta podre, uma mistura de cerejas e grama ou uma fragrância de amêndoa mofada e almiscarada. A maioria das pessoas simplesmente chama de um odor fétido e horrível que jamais esquecerão. Perturbar os insetos, pisar ou passar aspirador neles (o método de controle recomendado por especialistas) libera o fedor, que por sua vez pode funcionar como uma espécie de sinal para atrair mais percevejos para a casa. Em grandes quantidades, algumas espécies até já causaram perigos no trânsito: em 1905, luzes elétricas recém-instaladas atraíram tantos percevejos aos cruzamentos de Phoenix que os bondes não conseguiam atravessar as pilhas de insetos amontoados no chão.

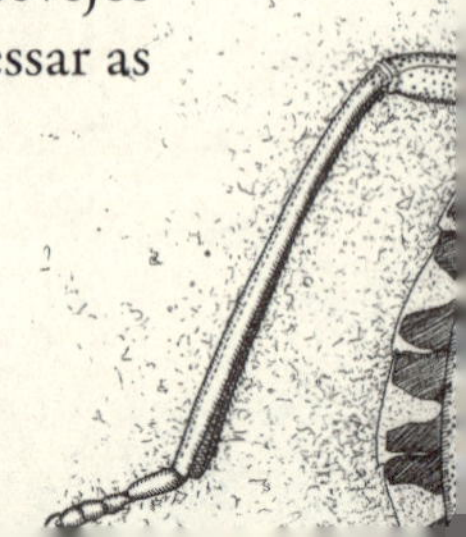

Quando veio o Natal, os insetos subiram na árvore da família e tomaram seus lugares em meio aos enfeites.

O percevejo-fedorento foi provavelmente introduzido na Pensilvânia por acidente no fim dos anos 1990. Como outros percevejos ou insetos com escutelo da família Pentatomidae, esses insetos largos e chatos parecem um escudo quando vistos de cima. Suas secreções de defesa contêm cianeto, o que explica o cheiro amargo de amêndoa. E, apesar de os percevejos serem geralmente inofensivos, causando apenas danos mínimos às plantas, esse invasor asiático está sendo atentamente observado, pois tem o potencial de se tornar uma praga de árvores frutíferas, soja e outras plantações. Após se estabelecer na Pensilvânia, eles migraram para New Jersey e depois apareceram do outro lado do país, no Oregon. Atualmente, já foram vistos em 27 estados norte-americanos.

Embora o estrago às plantas tenha sido leve até agora, o percevejo-fedorento é universalmente odiado como uma praga dos ambientes fechados. Ele rasteja pelos armários, fazendo as pessoas precisarem sacudir as roupas antes de se vestirem. As mulheres encontram os bichos passando no cabelo. Eles entram através de ares-condicionados instalados nas janelas, tornando necessário remover os aparelhos ou vedá-los completamente durante os meses de inverno. Embora os inseticidas piretroides pulverizados em volta do exterior das casas no outono possam afastá-los, eles têm pouca utilidade contra os insetos do lado de dentro e podem representar mais riscos para a saúde do que os próprios

insetos. Passar aspirador de pó neles realmente funciona, mas o fedor é tão potente que a maioria das pessoas compra um aspirador separado só para remover os bichos.

Um pequeno conforto é que os percevejos não se reproduzem no inverno, portanto, não começam novas famílias dentro de casa. Quando a primavera chega, os adultos saem por contra própria e retornam aos jardins e campos, onde se reproduzirão e colocarão ovos. Os ovos eclodem no final do verão e as ninfas passam por cinco estágios de muda antes de chegarem à idade adulta. Essa nova geração vai então em busca de um lugar para passar o inverno, acomodando-se dentro de casa em outubro, assim como seus pais fizeram.

TAMANHO *17 mm*

FAMÍLIA *Pentatomidae*

HABITAT *Pomares, campos agrícolas, prados*

DISTRIBUIÇÃO *China, Japão, Taiwan, Coreia e partes dos Estados Unidos*

Conheça a família

Os percevejos-fedorentos são uma grande e diversificada família encontrada na Austrália, América do Norte, Europa, Ásia, África e América do Sul. Os parentes incluem o percevejo-pé-de-folha, que se alimenta de uma grande variedade de plantas.

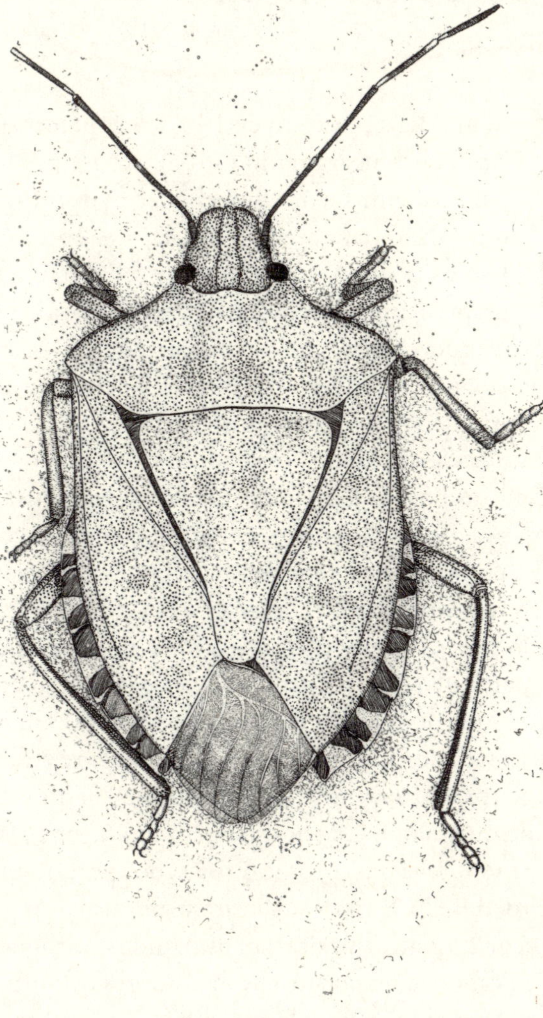

PULGA DO RATO

Xenopsylla cheopis

Em um dia de outono de 1907, dois garotos de São Francisco encontraram um rato morto no porão. Inspirados pelo pai, um agente funerário, eles decidiram encontrar um caixão para o rato e lhe dar um enterro apropriado. Isso os ocupou por uma tarde feliz, talvez o último dia despreocupado de sua juventude. Quando correram para casa para o jantar daquela noite, trouxeram consigo um souvenir de suas aventuras: pulgas sanguinárias infestadas de pestilência e famintas por uma refeição após a morte de seu hospedeiro.

A pulga do rato preferiria deixar humanos, gatos, cachorros e galinhas em paz, mas quando as populações de ratos morrem em massa, como acontece em epidemias de peste, elas não têm escolha senão se voltarem a outras criaturas de sangue quente para se alimentarem. Foi exatamente isso que aconteceu com os dois garotos desafortunados. Dentro de um mês, a peste havia levado seus pais, mas poupou os meninos, deixando-os órfãos.

Esse rato em particular havia morrido durante um surto de peste bubônica que começou logo após a virada do século, quando um navio a vapor chamado *Australia* saiu de Honolulu e atravessou a ponte Golden Gate carregado de passageiros, correspondências e ratos pestilentos. Os ratos percorreram a cidade que, naquela época, não era um lugar particularmente limpo: o lixo se amontoava e esgotos improvisados permitiam a proliferação de germes e roedores. Os ratos se sentiram em casa. Em pouco tempo, algumas pessoas em Chinatown exibiram os temidos sintomas: febre alta e calafrios, dores de cabeça e no corpo e os reveladores calombos vermelhos do tamanho de ovos cozidos nas axilas e virilhas. As hemorragias logo dariam lugar a enormes hematomas pretos e a morte não estaria muito longe.

O papel da pulga nessa temida doença foi descoberto no final dos anos 1800, mas o mecanismo exato ainda era um mistério. Só em 1914 os cientistas perceberam que o intestino da pulga continha pistas de como ela conseguia

Dentro de um mês, a peste havia levado seus pais, mas poupou os meninos, deixando-os órfãos.

espalhar a peste de forma tão rápida e eficiente. O que descobriram foi um notável fenômeno chamado bloqueio, no qual a bactéria da peste, *Yersinia pestis*, acumula-se no intestino da pulga de tal modo que ela mal é capaz de engolir. Assim, ela só consegue puxar o sangue do hospedeiro até o esôfago, onde ele se mistura com as bactérias vivas. Incapaz de engolir por estar tão cheia de peste, ela regurgita o sangue e as bactérias de volta para a corrente sanguínea do hospedeiro. Vômito de pulga é o verdadeiro culpado em uma epidemia de peste.

Mas isso não é tudo: as pulgas ficam com tanta fome por causa da incapacidade de digerir uma refeição de sangue que se alimentam de maneira voraz, passando de hospedeiro em hospedeiro, em uma tentativa desesperada de encher a barriga. No fim, as pulgas morrem de fome e exaustão, se a peste em si não as matar primeiro.

A pulga do rato é apenas uma das mais de oitenta espécies que transmitem a peste. A doença teria matado muito mais em São Francisco durante a chamada Peste da Berbéria, não fosse um fato de sorte: a pulga do rato era minoria durante essa epidemia. As espécies encontradas com mais frequência durante a peste de São Francisco tinham menos tendência ao bloqueio e menor probabilidade de regurgitar a bactéria da peste.

A peste parece ter evoluído de um bichinho gastrointestinal mais benigno cerca de 20 mil anos antes, e seguiu seu curso destrutivo pela civilização humana várias vezes, matando mais gente do que todas as guerras juntas. Uma pandemia na África e na Europa no século VI, conhecida como Peste de Justiniano, matou cerca de 40 milhões de pessoas, o que representava aproximadamente um quinto da população mundial na época. Quando reapareceu na Europa na Idade Média, foi chamada de Peste Negra. Durante dois séculos, ela devastou a Europa, matando entre um terço e metade da população do continente.

Vômito de pulga é o verdadeiro culpado em uma epidemia de peste.

Os médicos na época acreditavam que a peste circulava no ar. Eles mandavam os pacientes manterem as janelas fechadas e evitarem tomar banho, pois acreditavam que isso expunha a pele ao ar contagioso. Manter as janelas fechadas não conteria a peste, mas poderia conter o cheiro. O fedor dos mortos e moribundos deve ter sido avassalador: nas grandes cidades, como Londres, não havia escolha a não ser empilhar os corpos em valas coletivas mal cobertas. A população de ratos prosperou nessa horrível desordem. Ironicamente, acreditava-se que os gatos eram consortes de bruxas naquela época, portanto, eles eram mortos. A perseguição aos felinos durante a Idade Média quase eliminou populações do predador natural dos ratos, justamente quando os europeus mais poderiam ter aproveitado as habilidades de caça desses animais.

A peste depois passou da China para a Índia e para os Estados Unidos no começo do século XX. Atualmente, casos de peste ainda acontecem de tempos em tempos no Sudoeste dos Estados Unidos, mas os antibióticos modernos geralmente conseguem tratar um caso detectado no início.

TAMANHO *Até 4 mm*

FAMÍLIA *Pulicidae*

HABITAT *Encontrada perto de ratos, sua principal fonte de alimento*

DISTRIBUIÇÃO *No mundo todo, principalmente em climas tropicais e subtropicais, mas em algumas zonas temperadas também*

Conheça a família

A pulga do gato, Ctenocephalides felis*, é parente dela, assim como a pulga do cão, Ctenocephalides canis, mas nos Estados Unidos é principalmente a pulga do gato que ataca tanto gatos quanto cães. Sabe-se que elas transmitem tênias.*

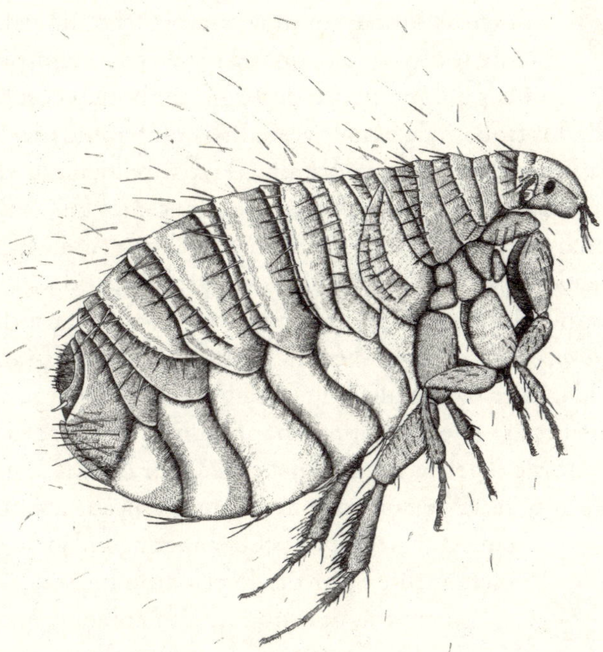

TROMBICULÍDEO

Leptotrombidium sp.

Os soldados que lutaram na Segunda Guerra Mundial tiveram que enfrentar mais do que o inimigo. Em Myanmar, na antiga Birmânia, monções, terreno desconhecido e doenças formaram uma combinação mortal. Praticamente todos os soldados da região foram hospitalizados em algum momento de 1944. Embora o combate fosse pesado, os soldados tinham dezenove vezes mais probabilidade de morrer de doença do que de ferimentos de batalha. Hepatite, malária, disenteria e doenças venéreas representavam problemas sérios, mas talvez o mais desafiador deles fosse o desconhecido e imprevisível tifo rural, transmitido por um minúsculo aracnídeo conhecido como trombiculídeo.

O trombiculídeo, na verdade a forma larval de um ácaro do gênero *Leptotrombidium*, é uma criatura diminuta que se alimenta de sangue uma única vez na vida. Ele é tão pequeno que sua boca nem consegue penetrar a pele o suficiente para chegar a um vaso sanguíneo. Por esse motivo, ele simplesmente morde a pele e engole uma espécie de bebida liquefeita de tecido da pele e sangue. A pessoa pode nem sentir a picada até mais tarde, quando aparece uma pequena vermelhidão no local. Isso geralmente é provocado pelo trombiculídeo deixando para trás seu tubo de alimentação, que pode irritar a pele da mesma forma que uma minúscula farpa faria. Depois de curtir sua única refeição de sangue, ele se transforma em um ácaro adulto e se alimenta apenas de plantas pelo resto da vida.

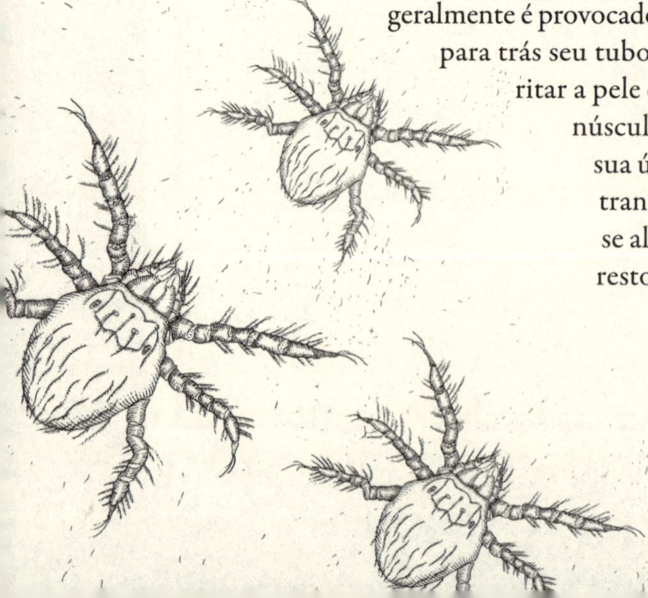

Então como o trombiculídeo consegue transmitir a doença? Se ele só se alimenta uma vez, não existe a oportunidade de pegar a infecção de um hospedeiro e passar para outro. Os cientistas desvendaram esse mistério quando conseguiram provar em laboratório que esses ácaros são capazes de transmissão transovariana. Em outras palavras, os trombiculídeos adultos que se infectaram durante sua única refeição de sangue passam a infecção aos seus descendentes. Por esse motivo, um jovem trombiculídeo pode já ser infectado no nascimento e passar a infecção quando fizer sua primeira e única refeição de sangue.

O tifo rural, também chamado de febre de Tsutsugamushi, é encontrado em populações de ratos selvagens, ratos-do-mato, camundongos, pássaros e também em humanos. As pessoas que foram infectadas com a bactéria *Orientia tsutsugamushi* geralmente têm sintomas parecidos com os da gripe após cerca de dez dias, incluindo dores musculares, inchaço nos gânglios linfáticos, febre e perda de apetite. Por fim, a doença pode acabar passando para o coração, pulmões e rins, resultando em morte se antibióticos e outros tratamentos não forem administrados a tempo. Até um terço das pessoas que não recebem tratamento morrerão da doença.

Durante a Segunda Guerra Mundial, o tifo rural era frustrantemente difícil de evitar. Os ácaros viviam na grama alta kunai, também conhecida como caniço-branco ou imperato, que cresce de três a seis metros de

Um especialista médico do exército previu que todos os seus pacientes infectados com tifo rural viveriam com danos permanentes no coração.

altura, e os soldados não tinham escolha a não ser atravessá-la. Queimar os campos de grama poderia ter eliminado os ácaros, mas isso nem sempre era viável em uma zona de guerra. As roupas que os soldados usavam dificilmente poderiam ser vedadas o suficiente para manter esses minúsculos ácaros longe. Os soldados que contraíam a doença perdiam, em média, cem dias de serviço em combate, em comparação com apenas catorze dias para casos de malária. Vinte por cento deles desenvolvia pneumonia, e um especialista médico do exército previu que todos os seus pacientes infectados com tifo rural viveriam com danos permanentes no coração.

Hoje, as infecções de tifo rural ainda ocorrem em partes da Austrália, Japão, China, Sudeste Asiático, ilhas do Pacífico e Sri Lanka. Não há vacina disponível, e mais de 1 milhão de pessoas em todo o mundo estão infectadas.

TAMANHO: *0,4 mm*

FAMÍLIA: *Trombiculidae*

HABITAT: *Pradarias e bosques baixos e úmidos*

DISTRIBUIÇÃO: *Por toda a Ásia e Austrália*

Conheça a família

Membros dessa família incluem os ácaros de plantação e outras minúsculas criaturas sugadoras de sangue. As larvas de muitas espécies de ácaros podem ter o mesmo nome popular, mas as encontradas nos Estados Unidos são geralmente jovens ácaros de plantação que não transmitem doenças.

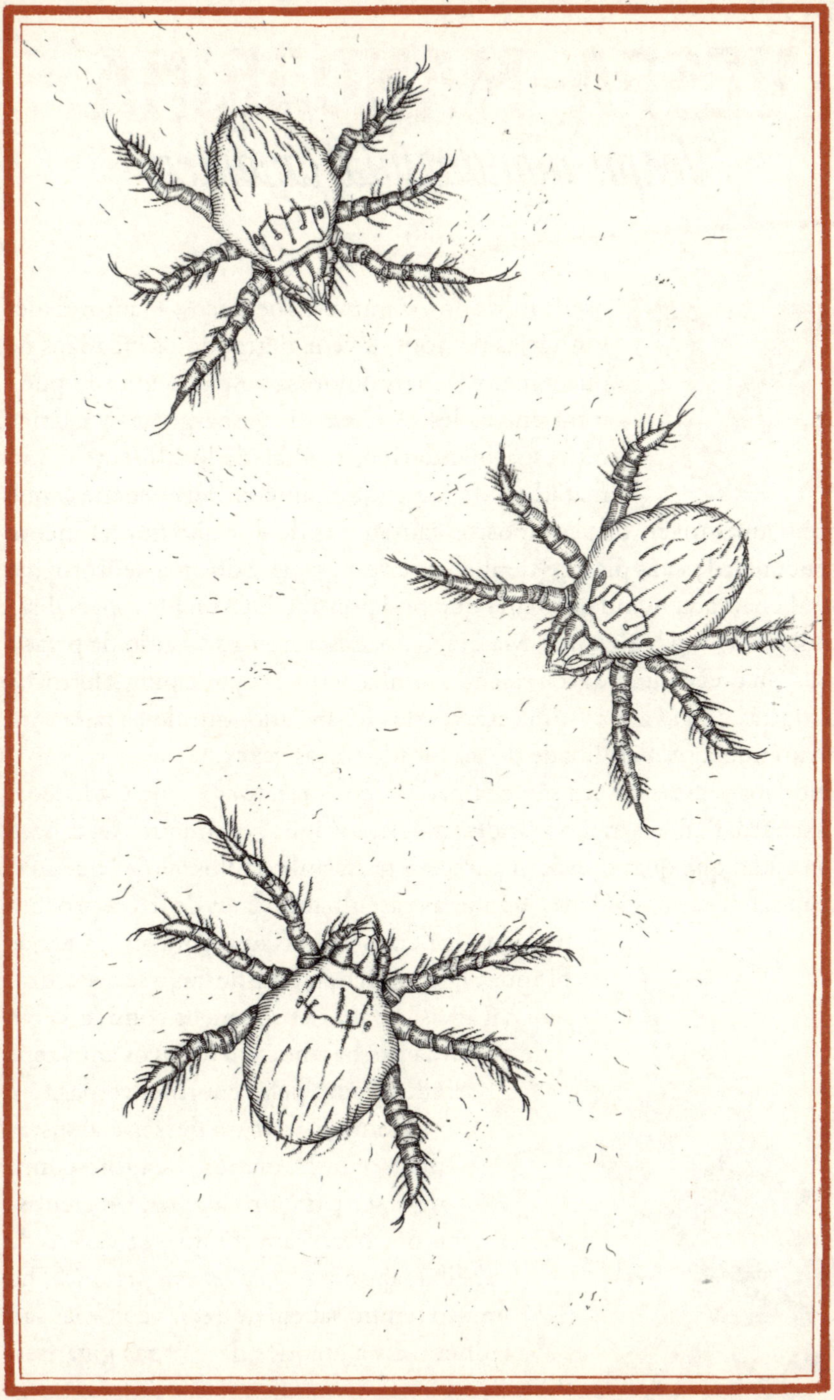

VESPA-MANDARINA

Vespa mandarinia japonica

Nos últimos anos, durante verões secos, as autoridades sanitárias de Tóquio vêm alertando os cidadãos de que a maior e mais dolorosa vespa do mundo pode estar entre eles. A chamada vespa-gigante-asiática ou vespa-mandarina, conhecida localmente como matadora de iaques, tem uma picada venenosa que contém altos níveis dos compostos causadores de dor que normalmente são encontrados nas picadas de abelhas e vespas, além de uma neurotoxina mortal chamada mandaratoxina que pode ser fatal. O maior especialista mundial em vespas gigantes, Masato Ono, descreveu a sensação da picada como "um prego quente atravessando minha perna". O que é pior, a ferroada atrai outras vespas até a vítima através dos feromônios que deixa para trás, aumentando a probabilidade de ser picado várias vezes.

No Japão, essas vespas são chamadas de *suzumebachi,* cuja tradução é "vespa pardal". Elas são tão grandes, medindo cinco centímetros da cabeça até a cauda, que quando voam parecem passarinhos. Nos verões quentes, podem ser vistas nas cidades japonesas vasculhando latas de lixo à procura de pedaços de peixes descartados para levar para os filhotes. Por estarem tão dispostas a se aventurarem em áreas urbanas à procura de comida, cerca de quarenta pessoas morrem todos os anos após serem picadas pelas enormes vespas.

Se uma criatura dessas é assustadora para humanos, imagine como deve ser para uma abelha. Os cientistas que observam colônias selvagens da abelha japonesa, *Apis cerana japonica*, há muito tempo sabem que essas colônias são vulneráveis a ataques das vespas gigantes.

Geralmente, uma única vespa aparece primeiro para explorar a área; ela mata algumas abelhas e as leva de volta à sua colmeia para alimentar seus filhotes. Após mais algumas viagens dessas, a vespa marca a colmeia passando feromônios nela, sinalizando que é hora do ataque.

Uma gangue de cerca de trinta vespas ataca a colmeia das inimigas, e dentro de poucas horas as criaturas monstruosas massacram até trinta mil das pequenas abelhas, arrancando suas cabeças e atirando os corpos no chão. Depois de as matarem, as vespas ocupam a colmeia vazia por cerca de dez dias, roubando o mel e as larvas das abelhas para alimentar seus próprios filhos.

Recentemente, Masato Ono e seus colegas da Universidade Tamagawa descobriram que as abelhas japonesas desenvolveram uma maneira incrivelmente inteligente de contra-atacar. A primeira vez que uma vespa solitária se aproxima da colmeia, as abelhas operárias recuam, atraindo a vespa para a entrada. Em seguida, um exército de mais de quinhentas abelhas cerca a vespa, batendo as asas furiosamente e elevando a temperatura ao redor para 47°C, quente o suficiente para matar a vespa.

Esse procedimento é perigoso para as abelhas: se o enxame ficar apenas alguns graus mais quente, vai acabar matando-as também. Na verdade, algumas abelhas operárias realmente morrem durante a batalha, mas o enxame as empurra para fora do caminho e prossegue até a vespa morrer. Pode

O maior especialista mundial em vespas gigantes descreveu a sensação da picada como "um prego quente atravessando minha perna".

demorar vinte minutos para as abelhas assarem sua inimiga até a morte. Apesar de não ser incomum insetos formarem um grupo de defesa contra um inimigo, esse é o único caso que se conhece de uso apenas do calor corporal para derrotar um agressor.

A força extraordinária da vespa levou pesquisadores japoneses a testarem um extrato do suco gástrico delas como melhorador de desempenho para atletas. Eles descobriram que as vespas adultas, que podem voar distâncias impressionantes em busca de alimento, na verdade não conseguem ingerir muita comida sólida por terem tubos digestivos muito pequenos. No entanto, elas levam insetos mortos para seus filhotes comerem. Após as larvas terminarem sua refeição, as adultas tocam na cabeça delas, o que faz com que as larvas mandem um "beijo" composto de algumas gotas de líquido claro; as adultas o ingerem, usando-o como fonte de energia. Os cientistas japoneses coletaram esse líquido claro, uma gota por vez, das larvas que encontraram em mais de oitenta ninhos de vespas. Em laboratório, comprovaram que tanto ratos quanto estudantes de pós-graduação apresentaram diminuição de fadiga e maior capacidade de transformar gordura em energia após tomarem o suco.

A maratonista Naoko Takahashi, que ganhou medalha de ouro nos Jogos Olímpicos de Sydney, em 2000, creditou seu sucesso a esse "suco de vespa". Por ser uma substância natural, ela não violou as regras do Comitê Olímpico Internacional sobre potencializadores de desempenho. Atualmente, uma bebida esportiva chamada suco de vespa é vendida a atletas alegando aumentar a resistência. No entanto, essas bebidas não contêm extratos das larvas da vespa gigante, apenas uma mistura de aminoácidos com a intenção de imitar o poderoso suco.

TAMANHO *50 mm*

FAMÍLIA *Vespidae*

HABITAT *Florestas e, cada vez mais, cidades*

DISTRIBUIÇÃO *Japão, China, Taiwan, Coreia e outras regiões por toda a Ásia*

Conheça a família

As vespas-mandarinas são parentes de outras vespas, que se diferem dos marimbondos por terem a cabeça maior e o abdômen mais arredondado. A vespa-europeia, Vespa crabro, *dá uma picada desagradável quando perturbada, mas não é mais mortal do que a picada das outras vespas.*

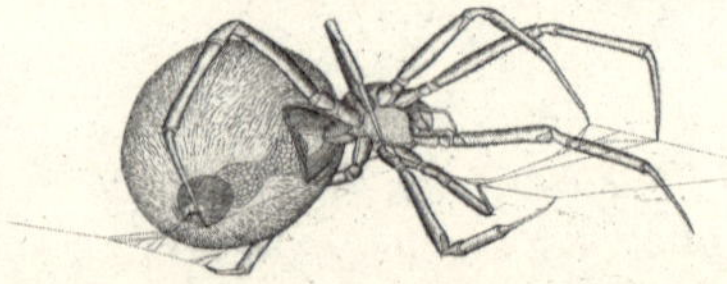

VIÚVA-NEGRA

Latrodectus hesperus

"A quem interessar possa", escreveu Stephen Liarsky, de 26 anos, em sua nota de suicídio. "Toda vez que um homem tira sua vida, sempre é apropriado explicar o motivo. O meu motivo é que, primeiro, não tenho emprego. Não tenho ninguém no mundo, a não ser uma mulher que amo demais e que é boa demais para mim. Tenho vergonha de mim por ser um fracasso, e não um sucesso. Deus abençoe a Rose. Adeus."

Este suicídio de 1935 foi incomum, não tanto pelo motivo, mas pelo método: uma picada de aranha viúva-negra. A aranha foi encontrada em uma caixa de papelão debaixo da cama de Liarsky, junto de documentos indicando que ele a comprara da Califórnia e recebera garantias de que sua picada era fatal e incurável.

Ele morreu dois dias depois. Funcionários do hospital encontraram um frasco de remédio para dormir debaixo de seu travesseiro e determinaram que os comprimidos, não a aranha, foram responsáveis por sua morte. Mas era tarde demais. Àquela altura, o chamado Suicídio da Viúva-Negra já tinha atraído a atenção do país inteiro. Várias reportagens importantes de mortes por viúva-negra começaram a aparecer nos jornais. Um repórter investigativo do Texas tentou provar que o suicídio por viúva-negra era impossível ao tentar (sem sucesso) persuadir uma viúva-negra a picá-lo. Foi formado um comitê em Oklahoma para eliminar a aranha do estado em nome da proteção das crianças. Em 1939, o zoológico de Londres matou suas aranhas viúvas-negras, além de cobras e insetos venenosos, como precaução contra a possibilidade dos mesmos serem soltos durante ataques aéreos.

Em 1939, o zoológico de Londres matou suas aranhas viúvas-negras, além de cobras e insetos venenosos, como precaução contra a possibilidade dos mesmos serem soltos durante ataques aéreos.

A viúva-negra talvez seja a aranha mais conhecida e temida do mundo. Cerca de quarenta espécies de *Latrodectus* podem ser encontradas pelo mundo, na América do Norte e do Sul, África, Austrália e Europa. O corpo redondo e preto da fêmea geralmente (mas nem sempre) é marcado por uma característica forma de ampulheta vermelha na barriga. Os machos, pequenas criaturas marrom-claras que têm pouca semelhança com suas esposas, não picam, passando quase despercebidos na história dessas terríveis criaturas.

Embora a aranha tenha esse nome porque se acredita que as fêmeas sempre comam os machos após o acasalamento, esse comportamento é visto com mais frequência na espécie australiana, a aranha-de-costas-vermelhas ou *Latrodectus hasselti*. O macho se esforça tanto para atrair a atenção da fêmea que às vezes oferece seu abdômen como jantar enquanto tenta acasalar com ela. Ele fica de cabeça para baixo, coloca o abdômen sobre a boca da fêmea e tenta terminar a cópula rapidamente enquanto ela o envolve em sucos gástricos e começa a mordiscar. Se não for rápido o bastante, ele realmente vai morrer por amor.

Após a viúva-negra fêmea acasalar uma vez, ela armazena esperma suficiente para botar ovos pelo resto da vida. Ela cria uma série de casulos de ovos durante seu um ou dois anos de vida, enchendo cada um deles com centenas de ovos, embora apenas algumas dúzias sobrevivam até a idade adulta. Quando as jovens aranhas têm cerca de três semanas de idade, elas se amontoam na teia da mãe, esperando uma brisa favorável, depois lançam uma fina teia de seda que as permite flutuar para longe em um processo chamado balonismo. Elas pousam onde o vento as leva e constroem as próprias teias.

As viúvas-negras não são especialmente propensas a picar pessoas. Elas preferem usar suas presas para ir atrás de outros insetos, nos quais injetam sucos gástricos, transformando suas vítimas em mingau e deixando-as mais fáceis de engolir. Se forem provocadas a picar uma pessoa, elas injetam um pouquinho de veneno sob a pele, que pode provocar uma pontada de dor ou dor nenhuma. Só quando o veneno chega ao sistema nervoso é que o problema começa. A toxina presente no veneno da viúva-negra provoca uma espécie de tempestade de dor no sistema nervoso, causando dores musculares e cãibras. As pessoas podem ficar trêmulas e tontas e sentirem seu coração acelerar ou ficar perigosamente lento. Algumas pessoas suam, principalmente em volta do local da picada. Os médicos chamam essa síndrome de latrodectismo por causa do nome científico da aranha.

A picada raramente é fatal, mas as vítimas são incentivadas a procurar tratamento para os sintomas, que podem ser dolorosos e debilitantes. Em casos graves, as vítimas podem receber um antissoro feito com soro sanguíneo de cavalos injetado com veneno de viúva-negra. Esse veneno só pode ser obtido por meio da "ordenha" de aranhas vivas, um processo trabalhoso que envolve dar a elas um leve choque elétrico para induzi-las a expelir o veneno, que em seguida é aspirado para um tubo estreito. A aranha muitas vezes vomita como resultado do choque, tornando necessário montar um sistema de dupla aspiração para separar o vômito do veneno expelido pela sua boca.

As viúvas-negras tendem a picar quando se sentem encurraladas. Na época das latrinas externas, as aranhas escondidas debaixo do assento da privada atacavam qualquer coisa que parecesse bloquear sua saída. Felizmente, a chegada dos encanamentos transformou essas picadas excruciantes nas regiões mais sensíveis em coisa do passado.

TAMANHO *38 mm (incluindo as patas)*

FAMÍLIA *Theridiidae*

HABITAT *Áreas escuras e isoladas, como pilhas de toras e pedras, debaixo de arbustos e árvores, e em volta de pilhas de lenha, galpões, celeiros e porões*

DISTRIBUIÇÃO *Praticamente no mundo inteiro: América do Norte e do Sul, África, Oriente Médio, Europa, Ásia, Austrália e Nova Zelândia*

Conheça a família

Cerca de trinta espécies de aranhas venenosas compõem o gênero Latrodectus. *Elas fazem parte de uma grande e diversificada família de aranhas conhecidas como aranhas-de-teia-emaranhada.*

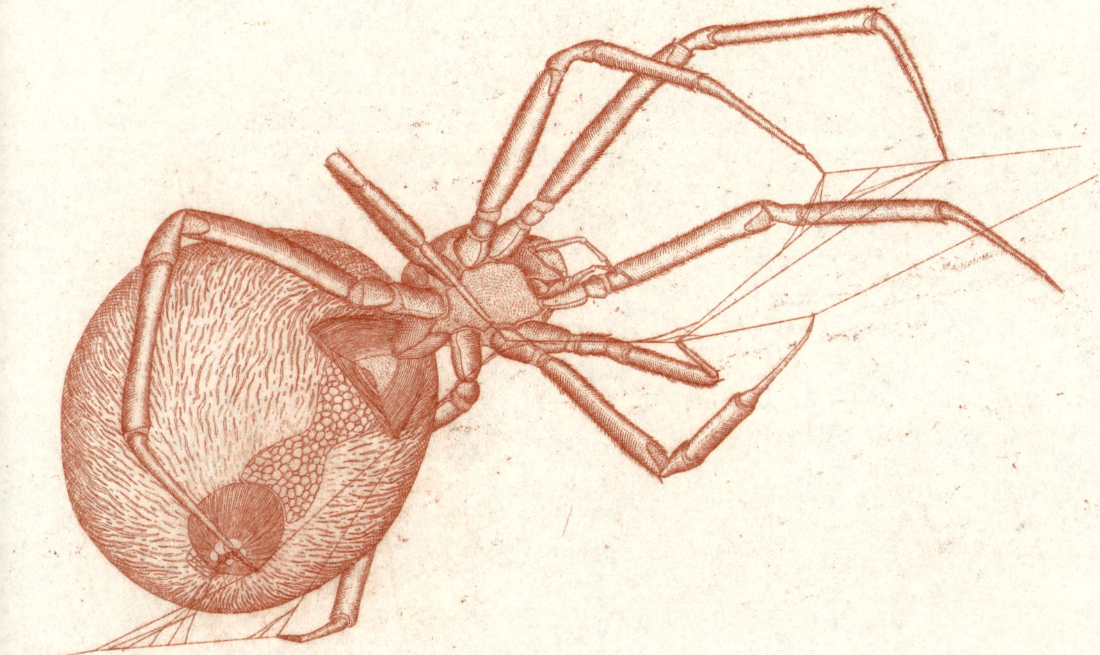

PEQUENOS SERES MORTAIS

NATUREZA MACABRA

DARKSIDE

Outros Insetos Assustadores

PEQUENOS SERES MORTAIS
NATUREZA MACABRA
DARKSIDE

NÃO TENHA MEDO

HORRÍVEIS

Os entomologistas Robert Coulson e John Witter analisaram as maneiras como as pessoas reagem a insetos quando estes estão na natureza. Eles descreveram cinco reações diferentes:

Síndrome do inseto morto, na qual as pessoas reagem a insetos quase automaticamente matando-os, especialmente em volta de acampamentos ou mesas de piquenique.

Síndrome da folha perfeita, na qual trilheiros e campistas alertam os administradores do parque se virem uma minúscula mordida em uma folha ou árvore (considerando-se o fato de que a maioria dos insetos precisa comer plantas para sobreviver, essas mordidas são normais e esperadas).

Entomofobia, um medo irracional de insetos que pode levar as pessoas a evitarem qualquer tipo de contato com a natureza.

Sem reação, a resposta de pessoas que entendem que os insetos fazem parte da vida ao ar livre e devem ser tolerados.

Reação ambientalista, na qual as pessoas acreditam que inseticidas não devem ser usados em nenhuma situação e defendem a proteção de todos os insetos em qualquer circunstância.

De todas as reações, a entomofobia talvez seja a mais familiar para nós. A maioria de nós conhece a sensação de um ataque de medo irracional: tontura, suor nas palmas das mãos, visão de túnel e coração palpitante. Uma fobia extrema pode causar ataques de pânico debilitantes. Quando se trata de medo de insetos — que tendem a aparecer inesperadamente e nos lugares mais improváveis —, uma fobia também pode fazer as pessoas saírem correndo do recinto, gritando de pavor. Pior ainda, pode levá-las ao uso indiscriminado de pesticidas, que muitas vezes representam uma ameaça muito maior à saúde humana do que os insetos que estão erradicando.

Mas acidentes de carro? Uma seguradora britânica conduziu um estudo em 2008 que mostrou que mais de 500 mil motoristas ingleses já sofreram acidentes de carro causados por um inseto (ou, mais precisamente, pela distração de um inseto dentro do veículo). Dos motoristas entrevistados, 3% disseram que nunca dirigiam com o vidro aberto por medo de um inseto entrar voando. A seguradora está desenvolvendo um tipo de rede que pode ser esticada sobre as janelas do carro para manter os insetos do lado de fora.

Psicólogos ajudam as pessoas a superarem suas fobias através de um lento e cuidadoso processo de dessensibilização. Para uma fobia de insetos, isso pode começar com a pessoa desenhando um inseto. Durante algumas sessões, elas podem deixar esse desenho cada vez mais realista, e por fim olhar uma fotografia da criatura que temem. Depois, podem observar um inseto morto dentro de um vidro do outro lado da sala, aproximando-se dele aos poucos. Quando for possível olhar de perto para o bicho morto sem entrar em pânico, um inseto vivo pode ser colocado no vidro. Os pacientes mais bem-sucedidos acabam conseguindo tolerar a presença de um inseto vivo andando sobre a mesa e talvez consigam até ter uma conversa sobre o fato de que a maioria dos insetos, aranhas e outras criaturas assustadoras e pegajosas representam pouca ameaça real.

Mais de 500 mil motoristas ingleses já sofreram acidentes de carro causados pela distração de um inseto dentro do veículo.

Mas talvez o primeiro passo seja identificar o medo. Dar nome a uma fobia é mais arte do que ciência. Os psicólogos só reconhecem oficialmente as fobias como uma categoria ampla, e usam o termo para se referir a uma série de medos persistentes e irracionais. A prática de acoplar uma palavra grega ou latina a "fobia" para criar um nome mais específico para um medo em particular era comum no século XIX, mas não é formalmente usada pelos psicólogos hoje em dia. Aqui estão apenas alguns termos inventados para descrever o medo de insetos:

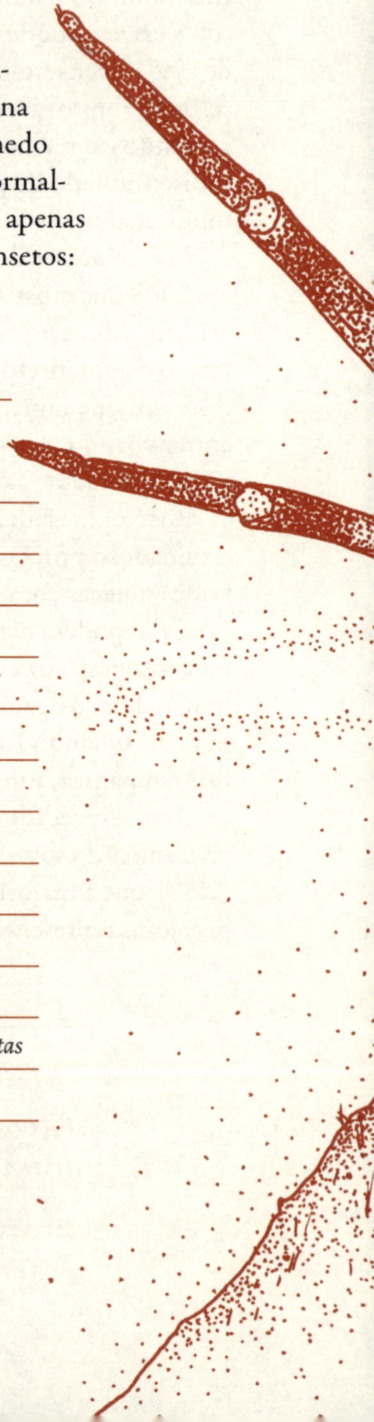

ACAROFOBIA *Medo de ácaros ou sarna*

APIFOBIA *Medo de abelhas*

ARACNOFOBIA *Medo de aranhas*

CATSARIDAFOBIA *Medo de baratas*

CNIDOFOBIA *Medo de picadas*

ENTOMOFOBIA *Medo de insetos*

ESCOLECIFOBIA *Medo de vermes parasitas*

ESFECSOFOBIA *Medo de vespas*

HELMINTOFOBIA *Medo de ser infestado por vermes*

ISOPTEROFOBIA *Medo de insetos que comem madeira*

LEPIDOPTEROFOBIA *Medo de borboletas*

MIRMECOFOBIA *Medo de formigas*

PARASITOFOBIA *Medo de parasitas*

PARASITOSE DELIRANTE *Crença errônea de infestação por parasitas*

PEDICULOFOBIA *Medo de piolhos*

PEQUENOS SERES MORTAIS
NATUREZA MACABRA
DARKSIDE

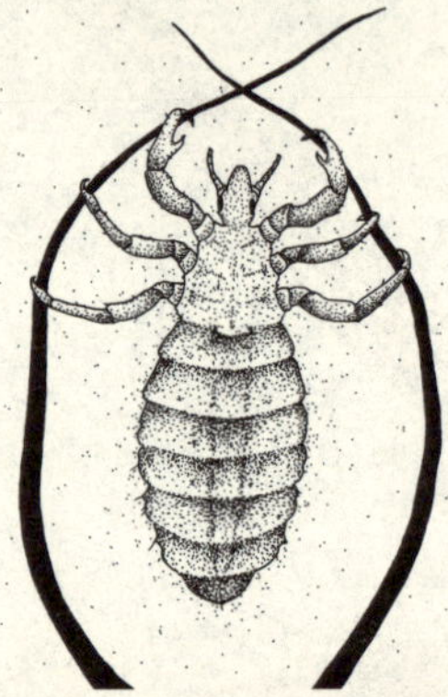

O QUE ESTÁ TE DEVORANDO?

DOLOROSOS

Os ácaros-da-sarna não foram os únicos parasitas a torturarem Napoleão. O general Bonaparte marchou para a Rússia com mais de 500 mil homens em 1812 e saiu de lá, derrotado, com apenas alguns milhares. O que aconteceu? O próprio Napoleão culpou o inverno gelado, mas os cientistas hoje acreditam que foi um minúsculo inseto achatado e sem asas que derrubou o exército mais poderoso do mundo. Durante a marcha, os soldados foram forçados a pedir comida e abrigo para camponeses no interior da Polônia e da Rússia, e dessas pessoas empobrecidas pegaram um caso desagradável de piolho do corpo. Um soldado escreveu que acordou com uma sensação de "formigamento insuportável... e, para meu horror, descobri que estava coberto de bichos!". Ele deu um pulo e atirou suas roupas no fogo, um ato do qual certamente se arrependeu, já que o inverno se aproximava e os suprimentos eram cada vez mais escassos.

Mas não foi só um "formigamento insuportável" que levou à derrota de Napoleão. Os piolhos do corpo transmitem tifo, febre das trincheiras e uma série de outras doenças desagradáveis que podem dizimar um exército. Os poucos soldados sobreviventes de Napoleão estavam tão doentes que não tiveram escolha a não ser se retirarem da Rússia, uma derrota que marcou o início do fim de sua brilhante carreira militar.

Em 1919, no auge da Guerra Civil Russa, o tifo estava correndo solto como resultado da pobreza, aglomerações e da guerra propícia aos piolhos, fazendo Lenin dizer: "Ou o socialismo derrota o piolho, ou o piolho derrota o socialismo".

Das 4 mil espécies de piolho no mundo, os humanos têm direito a apenas três: o do corpo, da cabeça e o piolho-da-púbis. Essas três espécies se alimentam exclusivamente de pessoas, e cada uma ocupa nichos distintos no ecossistema do corpo humano. Recentemente, esse fato levou biólogos evolucionistas a alguns fatos surpreendentes sobre nossa história. Os piolhos da cabeça datam de 7 milhões de anos, quando os humanos e os chimpanzés tinham um ancestral em comum. Os piolhos do corpo evoluíram dos piolhos da cabeça há cerca de 107 mil anos, mais ou menos na época em que os humanos começaram a usar roupas. Os piolhos-da-púbis, porém, têm mais relação com os piolhos dos gorilas, e foram transferidos aos humanos por meio de algum tipo de contato físico íntimo com os gorilas, cujos detalhes exatos permanecem um mistério.

PIOLHO DO CORPO

Pediculus humanus humanus (sin. *Pediculus humanus corporis*)

Os piolhos do corpo são, felizmente, desconhecidos da maioria das pessoas. As criaturas evoluíram para botar ovos nas costuras e forros das roupas, e não no corpo. Por este motivo, só são encontrados em moradores de rua e pessoas em condições precárias que precisam usar as mesmas roupas durante semanas sem lavá-las. Os ovos eclodem em reação ao calor do corpo, portanto, as roupas usadas constantemente oferecem o melhor terreno fértil. As ninfas recém-surgidas migram para a pele e devem se alimentar em poucas horas para sobreviverem. Ao longo da próxima semana, elas crescem e se tornam adultas, vivendo por mais algumas semanas e se alimentando de sangue humano durante esse período. Nos casos mais graves, foram relatados até 30 mil piolhos em um único indivíduo. Mesmo sem a possibilidade de transmissão de doenças, o simples fato de ser atormentado por esses pequenos sugadores de sangue pode ser perigoso.

Infestações graves causam um estranho engrossamento e descoloração da pele, conhecido como "doença do vagabundo" ou "pediculose do corpo". As pessoas também desenvolvem inchaço nos gânglios linfáticos, febre, erupções cutâneas, dores de cabeça, dores nas articulações e músculos, e ainda alergias, simplesmente pela exposição aos piolhos. Quando a pessoa desenvolve temperaturas altas, os piolhos a abandonam e procuram outro hospedeiro humano menos superaquecido, aumentando a possibilidade de propagação de doenças.

Uma das doenças transmitidas por piolhos mais comuns é o tifo, que é causado pela infestação por *Rickettsia prowazekii*, uma bactéria que também vive no sangue dos esquilos voadores. As bactérias na verdade não são transmitidas pela picada do piolho, e sim excretadas em suas fezes, que chegam à corrente sanguínea quando as pessoas coçam as picadas e sem querer empurram as bactérias para dentro da ferida. Como elas permanecem viáveis nas fezes dos piolhos por noventa dias, há muitas oportunidades de infecção. A doença causa febre, calafrios, erupções cutâneas e, por fim, delírios, coma e talvez morte.

Cerca de 20% dos casos de tifo são fatais, embora as taxas de mortalidade sejam geralmente bem mais altas em tempos de guerra. Os sobreviventes viviam com as bactérias nos gânglios linfáticos durante anos (os modernos antibióticos atuais oferecem uma recuperação completa). Embora os humanos possam sobreviver a um ataque de tifo, isso nunca acontece com o piolho. O homem que desenvolveu a vacina contra tifo, Hans Zinsser, escreveu: "Se os piolhos sentirem medo, o pesadelo de suas vidas é o medo de algum dia habitarem um ... humano ... infectado. O homem tem a tendência de ver toda a natureza com olhos egocêntricos. Para o piolho, nós somos os temidos emissários da morte".

Além de atormentar soldados em condições de muita aglomeração e pouca higiene, a doença também se espalhou para os nativos americanos após o contato com os europeus nos anos 1500, matando milhões. Hoje, surtos ainda ocorrem, principalmente em campos de refugiados, comunidades e outras áreas de migração em massa, grande superlotação e pobreza.

Antigamente, pensava-se que os piolhos surgiam naturalmente na pele, como se nascessem dos humanos. Aristóteles escreveu que "os piolhos são gerados na carne dos animais" e podiam ser vistos saltando de "pequenas erupções" na pele. A condição da infestação por piolhos, chamada de "doença ruim" ou ftiríase, era considerada uma punição pelos pecados. Só em 1882 que L. D. Bulkley deu fim a esses mitos, escrevendo que "todas as histórias fabulosas sobre piolhos provenientes de abcessos ou feridas são totalmente desprovidas de base científica e são, de fato, impossivelmente absurdas". Um entomologista dinamarquês chamado Jørgen Christian Schiødte escreveu que "o antigo fantasma da ftiríase podia finalmente descansar entre outros dragões e monstros criados pela ignorância".

PIOLHO DA CABEÇA

Pediculus humanus capitis

Como os piolhos têm a estranha capacidade de assumir a cor da pele na qual eclodem, uma infestação de piolhos da cabeça pode ser difícil de detectar: é uma surpresa desagradável, mas não particularmente perigosa. Os piolhos de cabeça não transmitem doenças, e sua presença não é nem sinal de sujeira. Mas eles são irritantemente difíceis de eliminar e surpreendentemente comuns, perdendo apenas para o resfriado comum entre as doenças transmissíveis que mais afetam crianças em idade escolar. Estima-se que, nos Estados Unidos, de 6 a 12 milhões de crianças sejam infestadas todos os anos, cerca de um quarto de todas as crianças do país. As crianças afro-americanas são geralmente poupadas do aborrecimento dos piolhos: a espécie norte-americana tem dificuldade de se agarrar em cabelos grossos ou crespos, embora os piolhos africanos pareçam não ter problema com isso.

As fêmeas do piolho da cabeça botam seus ovos ao longo de um fio de cabelo, excretando um pouco de uma substância adesiva para grudá-los no lugar (na verdade, um perigo da maternidade para o piolho fêmea é o risco de também se colar acidentalmente). Elas preferem depositar seus filhos em volta das orelhas ou pescoço, e é lá que são vistas com mais facilidade. Embora xampus especiais com prescrição médica possam matar os piolhos, em algumas partes do país eles estão ficando resistentes a esses compostos químicos. Uma nova geração de cremes e xampus prescritos está disponível, mas muitos pais recorrem ao antigo método de passar um pente fino nos cabelos molhados cobertos com óleo vegetal para remover as lêndeas, uma de cada vez.

Pobreza, aglomerações e guerra levaram Lenin a dizer: "Ou o socialismo derrota o piolho, ou o piolho derrota o socialismo".

PIOLHO-DA-PÚBIS

Pthirus pubis

O piolho-da-púbis, também conhecido como chato, prende as garras em volta de um fio de cabelo e quase nunca solta. O hábito de se alimentar no mesmo lugar pela maior parte da vida significa que suas fezes se acumulam à sua volta, provocando uma situação realmente desagradável. Eles habitam todas as partes do corpo cobertas por pelos grossos, incluindo sobrancelhas, tórax, bigodes, axilas e, claro, pelos pubianos. Uma reação alérgica à saliva deles causa uma coceira insuportável, que geralmente é o primeiro sinal de infestação. Eles também podem infestar os cílios, uma condição conhecida como ftiríase, mas não são conhecidos por transmitirem doenças.

Como o piolho-da-púbis só consegue sobreviver algumas horas longe do hospedeiro, a transmissão por assentos de privada, roupas de cama de hotel e outros meios inócuos é teoricamente possível, mas improvável. O contato sexual é realmente a forma de transmissão mais eficiente, e é por isso que os franceses chamam os piolhos-da-púbis de *papillons d'amour*, as borboletas do amor.

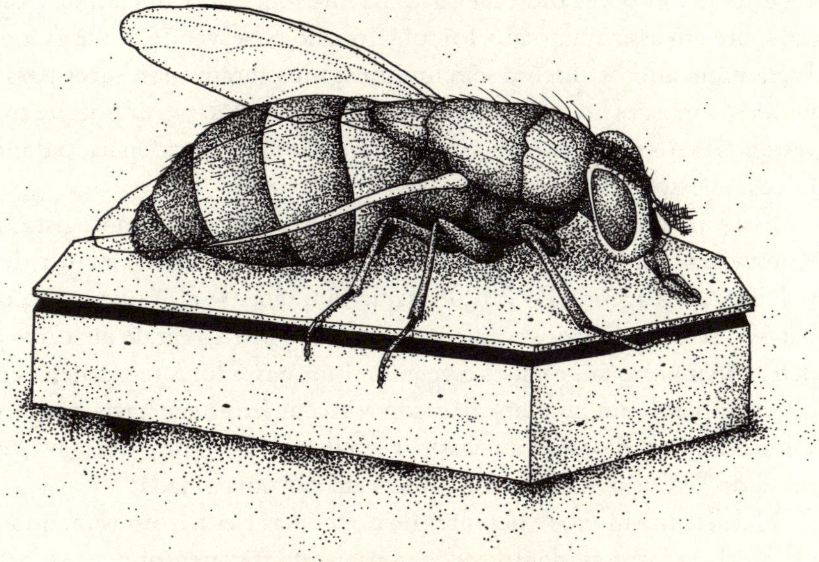

DEVORADORES DE CADÁVERES

HORRÍVEIS

Ao examinar as espécies de insetos que habitam um cadáver, é possível estimar há quanto tempo uma pessoa está morta e se o corpo foi movido após o crime.

A ciência da entomologia forense — o estudo dos insetos para determinar a hora, o local ou as circunstâncias de uma morte — não é exatamente nova. Um livro chamado *The Washing Away of Wrongs* [A lavagem dos erros], escrito na China em 1235, descreveu como uma infestação de moscas em um cadáver podia oferecer pistas na investigação de um crime. Contou até sobre um assassinato que foi solucionado observando o que as moscas fizeram quando os aldeões se reuniram e mostraram suas foices para inspeção. As moscas pousaram em uma foice específica, talvez porque tivesse vestígios de tecido e sangue. Confrontado com essa evidência, o dono da foice confessou tê-la usado para cometer o crime.

Esses métodos ainda são usados hoje. Em 2003, a entomologista Lynn Kimsey, da Universidade da Califórnia, em Davis, recebeu a visita de um policial e dois agentes do FBI. Eles queriam saber se ela poderia inspecionar os insetos esmagados contra o radiador e o filtro de ar de um carro para determinar por quais estados o veículo tinha passado. A teoria deles era de que o suspeito, um homem chamado Vincent Brothers, havia dirigido de Ohio até a Califórnia para assassinar sua família; porém, ele alegava nunca ter saído de Ohio. Kimsey concordou em dar uma olhada.

Havia trinta insetos diferentes no carro, mas eles não estavam intactos: ela precisou fazer as identificações a partir de fragmentos de asas, patas e corpos esmagados. Ela encontrou um gafanhoto, uma vespa e dois outros insetos que só poderiam ter sido pegos durante uma viagem pelo oeste do país. No julgamento, em 2007, ela testemunhou durante cinco horas. O júri acabou condenando Brothers por assassinato.

O uso mais comum da entomologia forense é para estabelecer o período no qual a morte ocorreu. Ao examinar as espécies de insetos que habitam um cadáver e correlacionar com dados meteorológicos e outras informações sobre a cena do crime, é possível estimar há quanto tempo uma pessoa está morta, se foi ferida antes da morte e se o corpo foi movido em algum momento após o crime.

MOSCA-VAREJEIRA

Também chamadas de moscas carniceiras, as varejeiras vêm da família Calliphoridae. Essas moscas de cor azul-esverdeada geralmente são as primeiras na cena após uma morte, em parte graças à sua capacidade de farejar um cadáver a mais de trinta metros de distância. Elas chegam a aparecer até dez minutos após acontecer uma morte e podem botar milhares de ovos no corpo. O tempo até esses ovos eclodirem e passarem pelos estágios de desenvolvimento pode ajudar a precisar a hora de uma morte recente. As respostas nem sempre chegam de forma rápida, no entanto: às vezes os entomologistas precisam coletar os ovos e esperar que eles eclodam para poderem fazer a contagem regressiva e determinar o horário estimado da morte.

As moscas-varejeiras do gênero *Calliphora* se desenvolvem rapidamente do ovo para a larva e a pupa, e esse processo é acelerado em climas quentes. Por isso, é importante que os investigadores saibam qual era a temperatura a fim de poderem correlacioná-la com o tamanho da criatura.

A cocaína também acelera o crescimento das larvas. O entomologista M. Lee Goff foi convocado para esclarecer uma importante questão que estava gerando confusão em um caso de assassinato em Spokane, Washington. Algumas larvas encontradas na vítima eram tão grandes que pareciam ter três semanas de idade, enquanto outras eram bem pequenas e sugeriam que a morte ocorrera apenas alguns dias antes. Ele conseguiu determinar que as larvas maiores estavam se alimentando em volta do nariz da vítima e que ela usara cocaína pouco antes de morrer. Depois que a discrepância no tamanho dos insetos foi esclarecida, a polícia foi capaz de estabelecer a hora exata da morte.

BESOUROS ERRANTES

Os besouros da família Staphylinidae podem estar entre os próximos insetos a aparecerem quando o morto entra em um estágio um pouco menos fresco. Eles são atraídos principalmente por larvas de moscas, o que significa que tendem a aparecer e devorar as evidências que a primeira leva de moscas deixou para trás.

BESOUROS COVEIROS

Também chamados de besouros-carniceiros, esses membros do gênero Nicrophorus são atraídos às carcaças pelo cheiro e geralmente aparecem para descobrir se são capazes de enterrar o corpo. Os motivos têm relação com seu ciclo de vida singular: quando esses besouros encontram um camundongo, pássaro ou outro animal de pequeno porte morto, eles cavam um buraco e o forram com pelos ou penas que retiram do cadáver, criando uma espécie de cripta. Muitas vezes, vários pares de besouros se unem nesse trabalho, passando um dia inteiro no processo de enterro. Quando o cadáver está completamente coberto — e, portanto, protegido de outros predadores — as fêmeas põem seus ovos dentro da cripta para que seus filhos tenham uma fonte de alimento quando eclodirem. Elas até ficam pelas redondezas para cuidar da ninhada, tornando-as um dos poucos insetos que cuidam dos filhos.

No caso de uma carcaça humana, os besouros muitas vezes são encontrados debaixo do corpo, enterrando pequenos pedaços de carne e possivelmente mexendo em evidências importantes. As fêmeas também podem botar ovos dentro do corpo, já que este é grande demais para enterrar. Existem casos de besouros que se reproduziram dentro de lesões por facada, por exemplo. Eles comem larvas de varejeiras e às vezes transportam minúsculos ácaros que também se alimentam dos ovos das moscas, portanto, sua chegada à cena pode interferir com as informações essenciais que os ovos e as larvas das varejeiras fornecem.

ÁCAROS

Essas criaturas também chegam em etapas. O primeiro grupo são os ácaros gamasídeos, que pegam carona em besouros e se alimentam dos ovos do primeiro bando de moscas. Mais tarde no processo, os ácaros tiroglifídeos, também conhecidos como ácaros do bolor, aparecem para se alimentar de mofo, fungos e pele seca.

BESOUROS DA PELE

Na família Dermestidae, os besouros da pele são chamados de necrófagos de estágio avançado, pois geralmente aparecem uns dois meses após a morte ter ocorrido. São esses os besouros usados nos museus de história natural para limpar os esqueletos dos animais que estão sendo preparados para exibição. Outra família de besouros pode aparecer mais tarde durante a decomposição de um cadáver: os chamados besouros do presunto, da família Cleridae, cujo nome vem do hábito de infestar carnes secas. Eles já foram encontrados em túmulos e em múmias egípcias.

INSETOS NA GUERRA

PERIGOSOS

Ele foi considerado um inimigo e atirado no fosso dos insetos. Lá, sofreu ataques de barbeiros, que eram mantidos vivos entre um prisioneiro e outro com pedaços de carne fresca.

Há cinquenta anos, em resposta ao lançamento do satélite soviético Sputnik, o Departamento de Defesa dos Estados Unidos criou uma repartição de pesquisas avançadas chamada DARPA, sigla em inglês para Agência de Projetos de Pesquisa Avançada de Defesa. Desde então, pesquisadores da DARPA desenvolveram aviões furtivos, novas tecnologias submarinas e uma versão inicial da internet, entre outras coisas. E agora eles voltaram suas atenções a insetos ciborgues.

O Sistema Micro-Eletromecânico de Insetos Híbridos (HI-MEMS, na sigla em inglês) visa implantar chips de computador em lagartas antes de passarem pela metamorfose em mariposas ou borboletas. Os cientistas esperam usar esses circuitos para controlar remotamente a trajetória de voo dos insetos, a fim de que um dia possam ser usados para voar em locais inimigos e transmitir informações sem serem detectados.

Embora o programa HI-MEMS soe estranho e futurista demais para ser verdade, ele é apenas o mais recente de um longo histórico de utilização de insetos em guerras. O entomologista Jeffrey Lockwood estuda o uso de insetos em contexto bélico. Sua pesquisa revela que até insetos adorados, como as abelhas, já foram usados com más intenções.

ABELHAS E VESPAS

Abelhas e vespas são usadas como armas há milhares de anos. Atirar uma colmeia ou ninho de vespas no inimigo é uma maneira eficaz de causar confusão e fazer até os guerreiros mais ferozes saírem correndo. Os maias as usam desde 2600 a.C. Suas lendas descrevem o uso de bonecos humanos com uma cabaça cheia de insetos picadores no lugar da cabeça. Os primeiros escritos gregos sobre batalhas descreviam a prática de construir túneis sob as muralhas do inimigo e soltar abelhas e vespas dentro deles. O uso de catapultas para atirar colmeias sobre as muralhas inimigas remonta no mínimo à era romana e continuou durante a Idade Média.

Mas as abelhas não foram usadas só em tempos antigos. Recentemente, na Primeira Guerra Mundial, os tanzanianos esconderam colmeias na vegetação rasteira e colocaram fios acionadores em suas tampas para que as tropas invasoras britânicas as encontrassem enquanto tentavam tomar dos alemães o controle da região.

Um dos usos mais intrigantes de abelhas em guerras foi registrado por um contemporâneo de Sócrates chamado Xenofonte. Ele descreveu o uso de colmeias envenenadas em uma batalha na Grécia por volta de 402 a.C.: "Todos os soldados comeram dos favos, perderam os sentidos, vomitaram e foram afetados com purgação, e nenhum deles conseguiu ficar de pé; os que comeram pouco ficaram muito embriagados, os que comeram muito pareciam loucos e alguns pareciam à beira da morte". Aparentemente, os soldados receberam colmeias cheias de mel de abelhas que tinham se banqueteado de rododendros e azaleias, plantas que produzem neurotoxinas tão potentes que permanecem ativas no mel. As pessoas que o comem sucumbem à intoxicação por mel, também chamada de envenenamento por graianotoxina.

BARBEIROS

Essas criaturas sugadoras de sangue e transmissoras da doença de Chagas são usadas como instrumentos de tortura nos chamados "fossos de insetos". O exemplo mais conhecido é de 1838, quando um diplomata britânico chamado Charles Stoddart chegou na cidade de Bucara, no Uzbequistão, para tentar conquistar o emir local e obter seu apoio para impedir a expansão do Império Russo. Em vez de fazer amizade, ele foi considerado um inimigo e atirado no fosso dos insetos, um buraco embaixo da zindan, uma prisão tradicional da Ásia Central. Lá, sofreu ataques de barbeiros, que eram mantidos vivos entre um prisioneiro e outro com pedaços de carne fresca. Uma rampa de pedra levava estrume dos estábulos acima, o que atraía ainda mais os insetos e transformava o fosso em um lugar de sofrimento.

Outro oficial britânico, Arthur Conolly, tentou resgatar Stoddart após alguns anos, mas também foi jogado no fosso. Os homens foram literalmente devorados vivos. Relatos das poucas vezes em que foram vistos na superfície os descreveram como cobertos de feridas e piolhos. Os insetos não os mataram, no entanto: para isso, foram decapitados em uma cerimônia pública em 1842.

ESCORPIÕES

Até quando não picam, os escorpiões parecem aterrorizantes. Plínio, o Velho, escreveu por volta de 77 d.C. que o escorpião era "um flagelo perigoso, venenoso como a serpente, exceto que seus efeitos são bem mais dolorosos, já que a pessoa picada demora três dias antes de a morte ocorrer". Ele acrescentava que a picada do escorpião era "invariavelmente fatal às virgens, e quase sempre às matronas".

Na antiga cidade de Hatra, perto de Kirkuk e Mossul, no Iraque, escorpiões foram usados pelos líderes locais por volta de 198 d.C. Eles estavam defendendo sua cidade murada contra um ataque de tropas romanas comandadas por Septímio Severo. Quando as tropas chegaram, os líderes encheram potes de barro com escorpiões — provavelmente apanhados no deserto ao redor — e prepararam essas bombas venenosas para atirarem em seus agressores. Herodiano de Antioquia, um historiador romano que escrevia na época, descreveu a cena da seguinte forma: "Ao fazerem potes de barro, eles os enchiam de insetos alados, pequenas criaturas voadoras e venenosas. Quando eram lançados sobre os sitiantes, os insetos caíam nos olhos dos romanos e em todas as partes desprotegidas de seus corpos, entrando antes de serem percebidos, mordendo e picando os soldados". Embora escorpiões não voem, os historiadores acreditam que as bombas continham escorpiões com uma variedade de insetos que picam, talvez também incluindo abelhas e vespas.

PULGAS

Essas minúsculas sugadoras de sangue e portadoras de peste bubônica também foram usadas como agentes de guerra. Durante a Segunda Guerra Mundial, o projeto de guerra biológica do Japão, chamado Unidade 731, desenvolveu um método de soltar bombas cheias de pulgas infectadas com a peste em território inimigo. Eles o testaram em Liampó, uma cidade litorânea no leste da China, e Changde, uma cidade à margem do rio Yuan na província de Hunan. Ambas as comunidades tiveram surtos de peste como resultado desses experimentos.

Estima-se que duzentos mil chineses tenham morrido devido ao programa de agentes biológicos do Japão. Uma operação chamada "Flores de Cerejeira à Noite" lançaria as pulgas sobre a Califórnia, mas o plano nunca foi executado. Os militares japoneses também conduziram experimentos médicos terríveis com prisioneiros, sujeitando-os a câmaras de gás, doenças, geladura e cirurgias sem anestesia. Apesar de as evidências desses crimes de guerra terem vindo à tona depois que a guerra terminou, os Estados Unidos concederam imunidade aos médicos envolvidos no projeto em troca de acesso às pesquisas e dados deles. Como parte do acordo, o projeto foi mantido em segredo. Apenas em meados dos anos 1990, historiadores começaram a relatar as atrocidades cometidas pela Unidade 731.

FLECHAS VENENOSAS

PERIGOSOS

"Esses venenos de flechas eram fortes o bastante para 'levar qualquer infeliz à loucura delirante antes de morrer em agonia.'"

Os tradicionais métodos de caça e guerra às vezes envolviam extrair venenos de insetos e aranhas e passá-los nas pontas das flechas para torná-las mais mortais. A espécie específica usada de inseto ou aranha nem sempre foi descrita pelos observadores ou revelada pelos próprios envenenadores, mas aqui, listadas de acordo com a tribo, estão algumas das receitas:

POVO SAN

De acordo com Hendrik Jacob Wikar, um soldado nascido na Suécia que viajava pela África do Sul no final dos anos 1700, havia uma minhoca venenosa que podia ser moída até virar um pó, misturada a sucos de plantas e aplicada às pontas das flechas. Os exploradores que vieram depois dele perceberam que ele provavelmente estava se referindo às larvas de diversas espécies de besouros de folhas africanos, *Diamphidia* sp., cuja hemolinfa — sangue de inseto — contém uma toxina que causa paralisia. O besouro adulto parece uma joaninha amarela e preta, enquanto as larvas são grandes, achatadas e de cor clara. Eles são encontrados em um pequeno arbusto específico do gênero *Commiphora*, nativo da África do Sul, e usado sabiamente pelo povo San. Outro besouro de folha, *Polyclada flexuosa*, às vezes é usado também.

Um carabídeo ou besouro terrestre, *Lebistina* sp., parente do besouro-bombardeiro, também é usado nas flechas venenosas dos caçadores San. Esse besouro na verdade é um parasita do besouro de folha africano, portanto, são frequentemente encontrados juntos. Os sucos dessas larvas às vezes são espremidos diretamente na ponta de uma flecha envenenada e em seguida secados na fogueira. Também podem ser misturados à seiva de plantas ou goma de árvore, que atua como cola para fixar o veneno na flecha, ou então transformados em pó e depois misturados aos sucos de plantas.

Embora esses venenos possam matar um animal pequeno, como um coelho, em alguns minutos, são necessários vários dias para abater um animal grande, como uma girafa. Isso significa que muitas vezes os caçadores passam dias seguindo o animal e esperando que ele morra. Mas acaba funcionando. Thomas R. Fraser, um especialista em farmacologia do fim do século XIX, escreveu que esses venenos de flechas eram fortes o bastante para "levar qualquer infeliz à loucura delirante antes de morrer em agonia".

ALEÚTE

O povo indígena das ilhas Aleutas, no Alasca, fazia uma mistura de plantas venenosas (acônito ou capuz-de-frade), cérebro e gordura de animais apodrecidos e veneno de alguma larva ou lagarta não especificada.

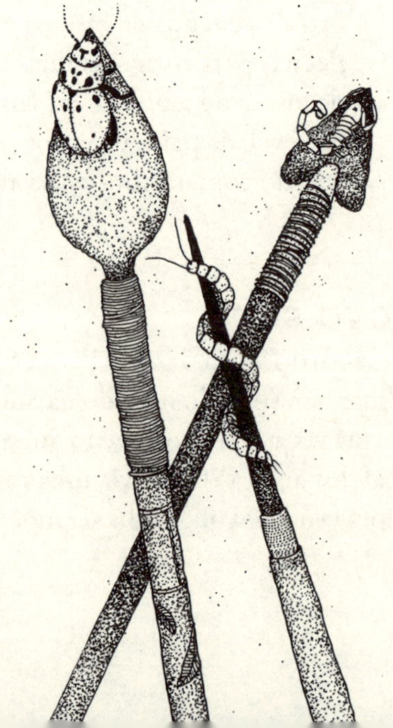

HAVASUPAI

Esse povo, que antigamente vivia no Grand Canyon e seus arredores, fazia uso do que era descrito apenas como um "pequeno inseto preto picador", junto de escorpiões, centopeias e formigas-de-fogo para fazer suas flechas venenosas. A etnia Jova, no norte do México, produzia um coquetel parecido, usando fígado podre de vaca, veneno de cascavel, centopeias, escorpiões e plantas venenosas.

APACHE

Um integrante do povo apache descreveu uma receita de veneno de flecha que envolvia pendurar pedaços de estômago de vaca até apodrecerem e depois pressionar vespas contra a carne para que fossem forçadas a picá-la. Em seguida, ela seria amassada com sangue e espinhos de cactos e aplicada nas pontas das flechas.

POMO

Esse povo da Califórnia usava uma mistura de sangue de cascavel, aranhas, abelhas, formigas e escorpiões, tudo esmagado junto para formar um veneno que poderia ser passado nas flechas e depois atirado nas casas dos inimigos como uma espécie de maldição de azar.

YAVAPAI

Esse povo do Sudoeste dos Estados Unidos tinha talvez a receita mais complexa de flechas envenenadas: um fígado de veado, recheado com aranhas, tarântulas e cascavéis, seria enterrado e depois se acenderia uma fogueira em cima dele. Em seguida, ele seria desenterrado e deixado apodrecer antes de enfim ser transformado em uma pasta. Um antropólogo registrou a história de um soldado que experimentou uma dessas flechas em primeira mão. Ela levou apenas alguns dias para matá-lo (é preciso destacar que o uso de carne podre pode ter introduzido bactérias mortais na corrente sanguínea da vítima junto ao veneno).

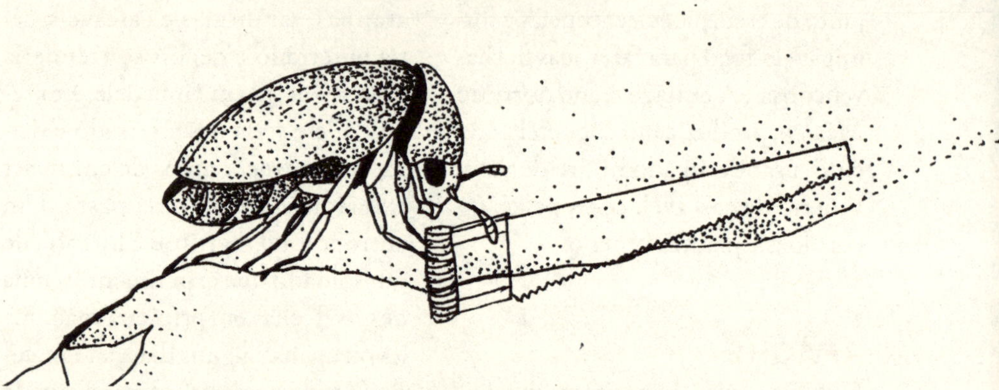

DEVORADORES DE LIVROS

DESTRUIDORES

Através das páginas inspiradas,
Vão os vermes cavando entradas
Mas ó, respeitem o gosto de seu mestre
E poupem-lhe as lombadas douradas.

Robert Burns escreveu essas linhas em um poema chamado "The Bookworms" [As minhocas dos livros], mas na verdade não existem minhocas que comem livros. Até nas bibliotecas mais úmidas e bolorentas, as páginas de um livro seriam secas demais para atender às necessidades de uma criatura úmida como uma minhoca. Os insetos mais prejudiciais aos livros tendem a ser espécies de piolhos, besouros, mariposas, baratas e outros destruidores atraídos pelos ingredientes supreendentemente nutritivos encontrados nas prateleiras.

Que bufê glorioso um livro pode ser! Considere todos os ingredientes naturais usados para imprimir e encadernar um exemplar: papel feito de algodão, arroz, cânhamo ou polpa de madeira; capas de pele de animais, madeira e tecido de seda; encadernações de goma, cola e linha. Volumes antigos e raros impressos em papel velino — um tipo de pergaminho feito de pele animal — são especialmente tentadores aos insetos necrófagos ou devoradores de cadáveres.

Ao longo dos anos, várias substâncias nocivas foram empregadas para afastar os insetos dos livros, incluindo creosoto de madeira, óleo de cedro, folhas cítricas, gás de ácido cianídrico (um gás de cianeto usado pelos nazistas nos campos de concentração), ácido carbólico (também usado nos campos de concentração e como fluido embalsamador) e cloreto de mercúrio, uma forma altamente venenosa de mercúrio. Hoje, algumas bibliotecas usam um método de congelamento profundo para eliminar totalmente as pragas de suas coleções sem deixar resíduos químicos.

Mas a melhor sugestão vem de Luciano de Samósata, satirista grego que, ao escrever por volta de 160 d.C., criticou longamente "o ignorante colecionador de livros", disparando que qualquer pessoa que acumulasse livros para exibir sua riqueza, em vez de lê-los, merecia uma praga de insetos: "O que mais está fazendo, senão comprando tocas para ratos e alojamentos para minhocas?". Erasmo de Roterdã, humanista holandês dos séculos XV e XVI ecoou esse pensamento ao escrever que "os livros, para serem salvos das minhocas, precisam ser usados".

PIOLHO DE LIVRO

Trogium pulsatorium, outros

A criatura culpada com mais frequência por danos aos livros é o piolho de livro. Seu nome engana — piolhos de verdade se alimentam de criaturas de sangue quente, não de literatura — e ele não come papel de fato. Em vez disso, esse inseto pálido, quase invisível, é atraído pelo bolor e fungo que aparece em bibliotecas malconservadas. À medida que come, as páginas sofrem alguns danos colaterais, mas o real significado de uma infestação de piolhos de livro é o fato de terem deixado os livros embolorarem e apodrecerem.

BESOURO DA DESPENSA

Dermestes lardarius

Este besouro, junto a outros membros da família conhecida como besouros da pele, pode ser encontrado procurando pedaços de pele seca em cadáveres ou invadindo despensas em busca de presunto, bacon e outras carnes defumadas. Em museus, eles causam sérios danos a coleções de insetos preservados, peles de búfalo e pássaros taxidermizados, mas alguns curadores colocaram os besouros a seu favor. Um primo do besouro da despensa, chamado de besouro do couro ou *Dermestes vulpinus*, encontrou um emprego proveitoso nos museus, limpando as carcaças para que os esqueletos possam ser expostos. Um curador

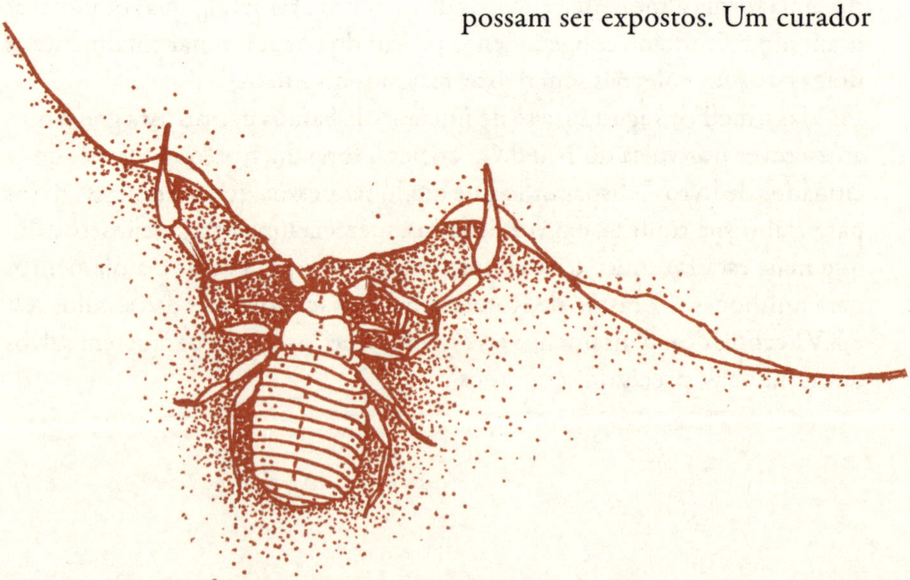

do Museu Field de História Natural, em Chicago, relatou com alegria que um bando de besouros do couro famintos pode deixar um rato morto só no osso em questão de horas, enquanto o corpo de um guaxinim pode levar uma semana, mais ou menos. "Nós lhes damos uma refeição grátis e eles nos dão um esqueleto limpo", disse ele.

Em bibliotecas, esses carnívoros mastigam buracos na encadernação de couro e botam ovos dentro da lombada ou até mesmo entre as capas de couro de dois livros juntos na estante. Após cerca de seis dias, os ovos eclodem e as larvas cavam um túnel bem no meio das páginas do livro para criarem um refúgio seguro e tranquilo para sua pupação. Esses túneis parecem buracos de minhoca, o que talvez explique a origem do termo "minhoca de livro".

TRAÇA

Lepisma saccharina

O naturalista inglês Robert Hooke, ao escrever no século XVII, chamou a traça de "um dos dentes do Tempo" pela forma como ela corrói as antiguidades. Ele disse que esse inseto de pouco mais de dois centímetros, gorduroso e sem asas, era "muito ligado aos livros e papéis, e supõe-se que seja quem corrói e faz buracos nas páginas e capas". As traças, na verdade, alimentam-se de carboidratos: os açúcares e amidos encontrados em tudo, desde cola até papel e tecidos. Elas também gostam do sabor de xampus, sabonetes e cremes de barbear, e é por isso que costumam habitar banheiros.

GORGULHO DA FARINHA

Stegobium paniceum

Os entomologistas os chamam de uma "espécie cosmopolita" por conta de suas preferências variadas e sofisticadas: eles gostam de livros e couro, móveis antigos, chocolate, especiarias e medicamentos controlados, incluindo ópio. Um minúsculo besouro avermelhado, não muito maior do que uma pulga, essa criatura odiada é inimiga das salas de livros raros, museus e farmácias. Uma vez, infestaram a Biblioteca Huntington, no sul da Califórnia, fazendo com que caminhões de livros fossem colocados em um fumigador a vácuo e borrifados com uma mistura de óxido de etileno e dióxido de carbono, matando até seus pequenos ovos.

ESCORPIÃO-DE-LIVRO

Chelifer cancroides

Por volta de 343 a.C., Aristóteles escreveu em seu *Historia Animaliun:* "Nos livros, também são encontrados outros animálculos, alguns parecidos às larvas encontradas nas roupas, e outros parecendo escorpiões sem cauda, mas muito pequenos". Ele provavelmente estava se referindo ao escorpião-de-livro, um estranho aracnídeo pequeno que não é um escorpião de verdade, mas possui um par de pinças de aparência feroz, parecidas com as de um escorpião ou uma lagosta. A criatura mal passa de meio centímetro de comprimento e, embora possa ser bastante alarmante encontrar um entre as páginas de um livro, na verdade ele se alimenta de piolhos de livro, larvas de mariposa, besouros e outros insetos que representam uma ameaça muito maior às coleções literárias do que ele.

BROCA DE MADEIRA

Anobium punctatum

Qualquer inimigo das estantes é um inimigo dos livros. Esse besouro devorador de madeira faz seu estrago na fase larval. Embora essas larvas sobrevivam apenas uma estação em áreas externas, em uma bela e tranquila biblioteca podem prosperar por dois ou três anos, mastigando estantes e tirando um tempo para percorrer as encadernações em busca de papelão ou placas de madeira. Depois que ficam gordas e fortes com a coleção de algum amante de livros, elas constroem uma câmara pupal para si e surgem seis semanas depois como adultas, com cerca de meio centímetro de comprimento, mas prontas para acasalar, botar ovos e continuar o ciclo. A Biblioteca Nacional Judaica e Universitária de Israel descobriu os besouros em sua coleção em 2004, mas felizmente o arquivo com as cartas e papéis de Albert Einstein foi poupado.

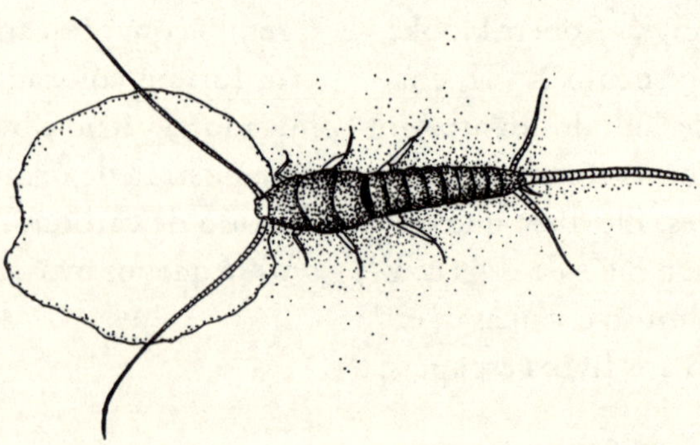

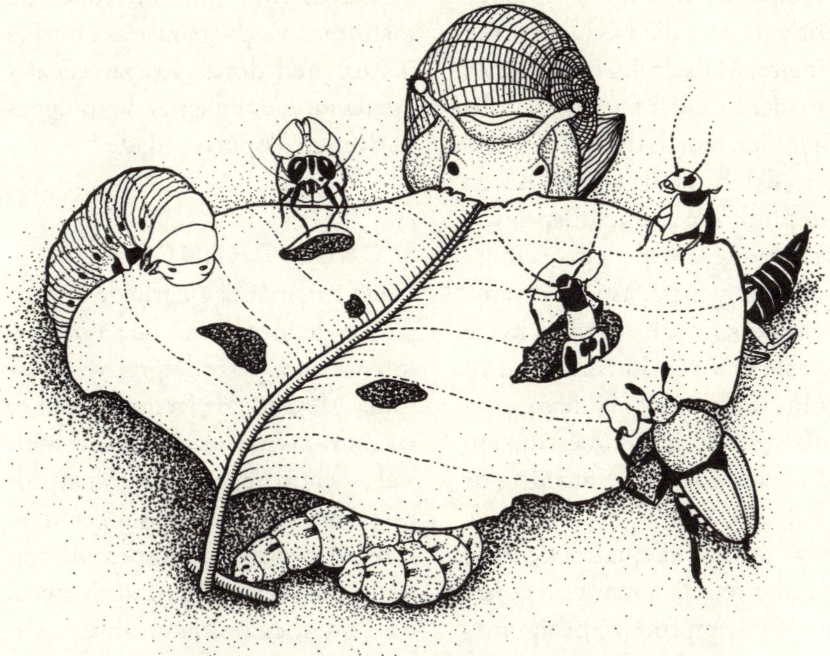

OS DOZE DESAFETOS DOS JARDINEIROS

DESTRUIDORES

Eles podem não mudar o curso da civilização, podem não espalhar a peste nem fazer aldeões fugirem para as colinas. E provavelmente nunca foram acusados de assassinato, embora inspirem fúrias assassinas. Estas são apenas algumas das pragas que levam os jardineiros à loucura.

PULGÕES

A presença de algumas centenas de insetos esverdeados e macios grudados embaixo de uma folha, todos chupando ao mesmo tempo, é o suficiente para dar pesadelos a um jardineiro. Mais de 4,4 mil espécies foram identificadas na superfamília Aphidoidea, muitas delas específicas de uma determinada planta. Assim como piolhos e carrapatos, eles se agarram ao seu hospedeiro e começam a se alimentar, às vezes transmitindo doenças de plantas nesse processo. O vírus do enrolamento da folha da batata, uma das doenças mais graves deste tubérculo em todo o mundo, é transmitido por um pulgão.

Mas talvez sua qualidade mais horripilante seja a maneira como os pulgões se reproduzem: algumas espécies são realmente capazes de "telescopar gerações", em que um pulgão fêmea contém dentro de si o início de outra jovem, que por sua vez já está grávida de mais uma geração. Esses insetos partenogenéticos não precisam de machos para se reproduzirem e são capazes de prosseguir por várias gerações antes de acasalarem com um único macho.

O pulgão do oleandro, *Aphis nerii*, utiliza uma estratégia especialmente tortuosa para garantir sua sobrevivência. Ele coleta uma substância venenosa chamada cardioglicosídeos da planta tóxica e envolve seus ovos com ela para protegê-los de predadores.

Felizmente, uma variedade de joaninhas, vespas parasitas e outros insetos predadores vão aparecer alegremente e se alimentar dos pulgões se tiverem a oportunidade.

MOSCA-BRANCA

Nada tira mais a alegria de ter um jardim de inverno do que a mosca-branca, uma peste desprezível da família Aleyrodidae frequentemente encontrada em estufas e plantas cultivadas dentro de casa (elas gostam dos exteriores também, mas a geada no inverno as mata). Com apenas de um a três milímetros de comprimento, essas minúsculas criaturas aladas são tão pequenas que parecem um pó branco salpicado sobre as folhas.

Como os pulgões, as moscas-brancas sugam a seiva da planta, fazendo as folhas ficarem amarelas e caírem. Algumas espécies também transmitem doenças. O simples fato de roçar em uma planta infestada lança uma nuvem delas no ar por um instante, uma visão que aflige tanto jardineiros quanto administradores de estufas. As moscas fêmeas colocam até quatrocentos ovos em suas quatro a seis semanas de vida. A maioria das estufas utiliza uma espécie de vespa parasita — *Encarsia formosa*, inofensiva para humanos — para atacá-las.

LESMAS E CARACÓIS

Esses gastrópodes dispensam apresentações. Os jardineiros que precisam enfrentá-los, enquanto deslizam pegajosamente pela calçada até a horta, já tentaram maneiras horríveis e grotescas de derrotar esses inimigos. Salpicar sal em seus corpos escorregadios, colocar tigelas rasas com cerveja para afogá-los, arrancá-los das plantas à mão e jogá-los na rua, todo mundo tem um método favorito de confrontar o horror. A caracoleta-de-jardim, *Cornu aspersum*, foi introduzida nos Estados Unidos vinda da França em meados de 1800 como uma iguaria comestível, mas que em vez disso passou a comer os jardins norte-americanos.

Os jardineiros da Costa Oeste têm a sorte de ter um aliado na guerra contra os caracóis: o caracol dente-de-lança, *Haplotrema vancouverense*, é um predador natural do caracol de jardim. O caracol degolado, Rumina decollata, também foi introduzido da Europa como um predador, mas, em seu lugar, os jardineiros podem contar com uma isca de fosfato de ferro segura para animais de estimação.

LAGARTAS

Larvas de várias espécies de mariposas marrons ou castanhas, principalmente da família Noctuidae, essas criaturas rastejantes são geralmente encontradas debaixo da terra ou escondidas embaixo de folhas caídas, enroladas em uma bolinha. Elas têm o hábito de se locomover pela superfície do solo, cortando brotos à medida que estes surgem da terra. Plantas jovens e vigorosas de tomate, pimenta e milho podem ser derrubadas no auge por uma lagarta faminta.

Besouros, aranhas, sapos e cobras comem lagartas, embora a maioria dos jardineiros não esteja desesperada o suficiente para soltar cobras no jardim. Protetores de lagarta, feitos com copos de papel ou potes de plástico no formato de aros e colocados em volta das mudas para protegê-las enquanto crescem, são a solução favorita de jardineiros com poucas plantas para proteger.

TESOURINHA

Apesar de as tesourinhas parecerem do mal, graças aos desagradáveis apêndices tipo pinça em seu abdômen, esses insetos da ordem Dermaptera não são realmente tão perigosos quanto a maioria das pessoas acredita. Mas elas de fato se alimentam de uma grande variedade de flores e vegetais, de dálias a morangos. Qualquer um que já tenha sido confrontado por uma tesourinha ao descascar uma alcachofra recém-colhida sabe que elas podem ser uma surpresa desagradável. As tesourinhas também se alimentam de pulgões e ovos de outros insetos, o que de certa forma as torna benéficas também. A maneira mais fácil de expulsá-las é colocar armadilhas de jornal enrolado ou tubos de papelão, que podem ser esvaziadas em água com sabão pela manhã.

BESOURO-JAPONÊS

Introduzidos por acidente em uma enfermaria de New Jersey em 1916, o *Popillia japonica* é temido e odiado no leste dos Estados Unidos. Os besouros iridescentes de cor bronze e verde se alimentam de cerca de trezentas plantas diferentes, trabalhando coletivamente para devorá-las de cima a baixo. Muitas vezes restam apenas as nervuras das folhas, resultando em um padrão rendado que seria elegante se não fosse tão destrutivo. As larvas destroem a grama mastigando as raízes, o que faz delas uma praga de parques, gramados e campos de golfe. Os norte-americanos gastam 460 milhões de dólares por ano tentando controlar os besouros-japoneses e consertar os estragos que eles causam. Esse processo pode ser difícil e frustrante, e geralmente requer alguma combinação entre pegá-los à mão, soltar insetos predadores, colocar armadilhas e substituir as plantas por variedades que essas pragas vorazes não comam.

Uma planta está revidando: cientistas do Departamento de Agricultura dos EUA descobriram que os gerânios (*Pelargonium zonale*) produzem uma substância que paralisa os besouros por até 24 horas, tempo suficiente para um predador atacar.

BESOURO DO PEPINO

Não se engane com esses besouros fofos pintados e listrados. Eles podem parecer versões amarelas ou verdes da joaninha, mas não são nem de longe tão queridos quanto elas. O besouro do pepino pintado, membro do gênero *Diabrotica*, e o listrado, do gênero *Acalymma*, comem abóbora espaguete, melão, pepino, milho e outros favoritos da horta, às vezes transmitindo doenças que causam murcha bacteriana e vírus do mosaico do pepino. Alguns jardineiros cobrem suas plantações jovens com coberturas flutuantes para mantê-los longe.

LAGARTA DO TOMATE

Confrontar uma lagarta verde de dez centímetros pode ser uma tarefa difícil. Essas lagartas (*Manduca quinquemaculata*, a lagarta do tomate, e *Manduca sexta*, a lagarta do tabaco) podem dizimar a maioria das plantas da família das solanáceas — que inclui tomate, berinjela e tabaco — durante o período aproximado de um mês que passam como lagartas. Depois da pupação, elas surgem como mariposas-esfinge surpreendentemente grandes e bonitas que lembram colibris.

Na idade adulta, elas se alimentam de néctar, e vê-las visitando as flores que desabrocham à noite pode ser bastante encantador (as lagartas de algumas mariposas-esfinge se alimentam de árvores e arbustos, não de tomates, então a presença de uma mariposa que se parece um colibri no jardim não quer dizer necessariamente que haja uma infestação de lagartas na plantação de tomate). Por serem tão grandes e fáceis de avistar, os jardineiros muitas vezes tiram as lagartas com a mão, mas se parecerem ter pequenos casulos brancos grudados nelas, devem ser deixadas quietas: isso significa que vespas parasitas já vieram ao resgate.

BESOURO-SALTADOR

Essas pequenas criaturas têm esse nome pelo hábito de saltar quando perturbadas. Integrantes da família dos besouros de folha (Chrysomelidae), eles fazem buraquinhos de mordidas nas folhas que parecem buracos de bala espalhados. Algumas espécies também mastigam caroços de beterraba, melões e outras plantações. A maioria das plantas os supera, apesar de alguns agricultores usarem plantações de rabanete como armadilha para afugentá-los ou então aspirá-los com um aspirador de insetos.

MARIPOSA-DAS-MAÇÃS

A larva dessa mariposa é o famoso bicho-da-maçã. Ela cava túneis não só em maçãs, mas também em peras, maçãs silvestres, pêssegos e damascos, tornando-a uma das pragas mais odiadas das árvores frutíferas. Uma série de pássaros e vespas comem larvas de mariposa-das-maçãs, mas muitas vezes isso não é suficiente. Os pomicultores de quintal arrancam as frutas infestadas no começo da estação e colocam armadilhas com feromônios, mas, se alguma árvore da redondeza ficar desprotegida, isso serve como um terreno fértil eterno para a mariposa.

Um método eficaz, mas demorado, é grampear um saco em volta de cada fruta (chamados na indústria de "saco de maçã japonês") para afastar os bichos, mas isso significa ficar com o visual bastante estranho de uma árvore coberta de sacos o verão inteiro.

COCHONILHA-DE-ESCAMA

Esses terríveis insetos sugadores da superfamília Coccoidea se agarram a uma árvore e se envolvem em uma cobertura protetora de cera, ficando parecidos com carrapatos. Como os pulgões, excretam uma substância doce e pegajosa chamada de melada, que por sua vez estimula o crescimento de um bolor preto fuliginoso. Suas cascas protetoras os tornam inatingíveis para a maioria das formas de controle, mas pode ser bastante satisfatório raspá-los de um galho com uma faca cega. Sprays de óleos hortícolas no inverno os mantêm sob controle, bem como algumas vespas parasitas.

LAGARTA DE TENDA

Poucas visões são mais terríveis do que dezenas de lagartas peludas amontoadas em um galho, rodeadas por sua característica "tenda" de seda que parece uma teia de aranha densa. As lagartas, integrantes do gênero *Malacosoma*, podem desfolhar uma árvore inteira em um ano ruim (nos outros, elas mal são vistas, alternando ciclos de altos e baixos). Uma das soluções caseiras mais satisfatórias é apontar uma tocha para a árvore e botar fogo nas áreas infestadas, mas os especialistas recomendam não fazer isso por motivos de segurança e pelo fogo causar mais danos à árvore do que as lagartas. Em vez disso, é possível cortar e esmagar as tendas ou enrolá-las em um saco plástico e descartá-las.

A MALDIÇÃO DO ESCORPIÃO

DOLOROSOS

Os escorpiões brilham sob luz ultravioleta, portanto, os arizonenses que desejam conferir se há escorpiões debaixo da cama podem usar uma lanterna de luz negra.

Uma picada de escorpião pode ser dolorosa, mas quase nunca é fatal — para adultos. Crianças são outra questão. Uma família californiana de férias em Puerto Vallarta em 1994 aprendeu isso do jeito mais difícil, quando seu filho de 13 meses de idade pisou em um escorpião escondido em seu sapato. O menino começou a chorar e a espumar pela boca, e em pouco tempo desenvolveu febre alta. Em um pronto-socorro local, ele parou de respirar algumas vezes. Finalmente, seus pais ligaram para um hospital em San Diego e o mandaram de avião para lá, onde foi colocado no sistema de suporte à vida. Ele sobreviveu, mas nem os funcionários do hospital tinham certeza se conseguiria.

Em crianças pequenas, o veneno neurotóxico de um escorpião pode causar convulsões, perda de controle muscular e uma dor insuportável no corpo todo, pois atua nos nervos. Até recentemente, os pais precisavam assistir impotentes aos médicos fazendo o pouco que podiam para controlar os sintomas e sedar a criança, enquanto o veneno se espalhava pelo corpo.

Felizmente, um novo tratamento está em testes clínicos no momento. No Hospital Infantil de Phoenix, os pais podem escolher entre a sedação da criança ou um novo antissoro chamado Anascorp. O medicamento é administrado por via intravenosa e começa a fazer efeito dentro de poucas horas, geralmente permitindo que a vítima vá para casa com analgésicos no mesmo dia. Essa descoberta está sendo aplaudida no Arizona, onde oito mil pessoas são picadas a cada ano, duzentas delas crianças pequenas que sofrem graves efeitos colaterais.

Escorpiões são encontrados em regiões desérticas, tropicais e subtropicais por todo o mundo, e mais de 1,2 mil espécies desses aracnídeos já foram identificadas. Assim como as picadas de aranha, muitas vezes é difícil provar que uma espécie específica seja responsável pela picada, a não ser que o escorpião seja capturado e identificado. Mas aqui estão alguns para evitar:

ESCORPIÃO DE CASCA DO ARIZONA

Centruroides sculpturatus

Este é o escorpião mais temido do Arizona. Ele vive no Sudoeste dos Estados Unidos e no México, aninhado sob pedras e pilhas de madeira, mas também entrando nas casas. Com apenas sete ou oito centímetros de comprimento, é fácil não notá-lo, principalmente por ser ativo à noite. Felizmente, os escorpiões brilham sob luz ultravioleta, portanto, os arizonenses que desejam conferir se há escorpiões antes de se deitar podem usar uma lanterna de luz negra, que muitas vezes é vendida como ferramenta para caçar escorpiões. A picada é considerada a mais dolorosa de todos os escorpiões dos Estados Unidos, com duração de até 72 horas e potencialmente perigosa para animais domésticos e crianças pequenas. Uma espécie relacionada, o escorpião de casca de Durango, *Centruroides suffusus*, é encontrada no deserto de Chihuahua e é um dos escorpiões mais mortíferos do México.

ESCORPIÃO-NEGRO

Androctonus crassicauda

Os soldados no Iraque são alertados para ficarem atentos a este escorpião marrom-escuro e altamente perigoso. Sua grande e ameaçadora cauda lhe rendeu o apelido de "escorpião da cauda grossa". Os militares o classificam como um dos escorpiões mais mortíferos do mundo e avisam que ele pode provocar a morte por insuficiência cardíaca ou respiratória.

ESCORPIÃO-AMARELO DA PALESTINA

Leiurus quinquestriatus

Outro escorpião do Oriente Médio que os soldados são instruídos a evitar. Este, amarelo-claro e bege, é fácil de ignorar em solo arenoso, mas seu veneno é altamente tóxico. Uma médica da Força Aérea que foi picada duas vezes teve que ser levada de avião para um hospital, onde foi colocada no suporte à vida e recebeu um antissoro experimental que salvou sua vida.

ESCORPIÃO DE TRINDADE

Tityus trinitatis

Encontrado em Trindade e Tobago e na Venezuela, essas diminutas criaturas atingem apenas cinco ou seis centímetros de comprimento, mas têm uma picada dolorosa que pode causar pancreatite. As mortes de algumas crianças foram atribuídas ao veneno deste escorpião, geralmente por danos ao miocárdio, o músculo do coração.

ESCORPIÃO-VINAGRE

Mastigoproctus giganteus

Embora não seja um escorpião de verdade, este aracnídeo, também chamado de escorpião-chicote gigante, usa uma extraordinária artilharia natural para se defender: em vez de picar seu inimigo, ele lança um líquido composto por 84% de ácido acético. O vinagre doméstico tem apenas 5% de ácido acético, tornando este líquido o vinagre mais forte que se possa imaginar. O mais extraordinário dessa defesa é o fato de que ele pode chicotear sua cauda e pulverizar em qualquer direção, fazendo os predadores saírem correndo para se protegerem.

TURMA DO GORGULHO

DESTRUIDORES

Os soldados da Guerra Civil brincavam que não precisavam carregar suas rações, pois a comida estava tão infestada de insetos que andava sozinha.

Os soldados que lutaram na Guerra Civil dos Estados Unidos devem ter sentido que passaram mais tempo lutando com insetos do que com o inimigo. Dos piolhos que habitavam suas roupas, passando pelos mosquitos que causavam malária e febre amarela, até os gorgulhos que comiam suas rações, os insetos eram um problema sem fim. Apesar de os gorgulhos não serem os insetos mais perigosos que encontraram, eles podem muito bem ter sido os mais desmoralizantes.

Os soldados da União carregavam um tipo de biscoito feito de farinha, água e sal. Ele era grosso, seco e não era particularmente saboroso, mas era resistente ao mofo, desde que não se molhasse, o que era difícil naquelas circunstâncias. Mesmo que não saísse do pacote úmido e bolorento, o biscoito geralmente ficava infestado de gorgulhos. Os soldados desenvolveram suas próprias técnicas para tirar os gorgulhos do alimento, como molhá-lo no café até os bichinhos flutuarem para o topo e depois retirá-los com uma colher. Mas, na maioria das vezes, os insetos simplesmente faziam parte da refeição. Um soldado disse que "toda a carne fresca que comemos vinha no pão duro". Ele também disse que preferia carne cozida, então tostava o biscoito antes.

Os soldados brincavam que não precisavam carregar as rações, pois a comida estava tão infestada de insetos que andava sozinha. Mas, por trás das piadas, havia sofrimento e uma raiva latente. Na ilha Galveston, em agosto de 1863, as tropas organizaram um motim por causa da falta de salários, dos treinos intermináveis no calor do verão e principalmente do fubá "azedo, sujo e cheio de gorgulhos" que eram obrigados a comer.

Gorgulhos são pequenos insetos herbívoros com trombas alongadas e curvadas para baixo. Alguns mudaram o curso da história com seu comportamento destruidor.

CARUNCHO DE GRÃOS

Sitophilus granarius

Também conhecido como caruncho-do-trigo, ele morde um grão de trigo, deposita um ovo nele e depois veda o buraco com uma secreção especial. A larva vive dentro do grão de trigo até a idade adulta, depois mastiga uma saída para si mesma a fim de acasalar e começar o ciclo novamente. Esta provavelmente é a espécie que apareceu nas rações de biscoito seco.

GORGULHO-DO-ARROZ

Sitophilus oryzae

Apesar do nome, o gorgulho-do-arroz não ataca só arroz, mas também milho, cevada, centeio, feijão e nozes. Originário da Índia, é atualmente encontrado nas despensas do mundo todo, especialmente em climas mais quentes. Assim como o caruncho de grãos, ele entra nos grãos armazenados para botar seus ovos, tornando-o frustrantemente difícil de detectar. Com apenas dois ou três milímetros de comprimento, ele se camufla nos grãos que infesta.

BICUDO-DO-ALGODOEIRO

Anthonomus grandis

Talvez o gorgulho mais famoso do mundo, esta pequena criatura castanha, do tamanho de uma unha, cruzou a fronteira do México para os Estados Unidos em 1892 e logo se pôs a trabalhar devorando as plantações de algodão do país. Somente no estado da Geórgia, a produção de algodão caiu de um pico de 2,8 milhões de fardos para apenas 600 mil. Em 1922, o bicudo-do-algodoeiro comeu 6,2 milhões de fardos de algodão. A Grande Depressão chegou antes que se pudesse fazer muito progresso no controle do inseto, levando alguns agricultores a simplesmente desistirem de plantar e abandonarem sua terra. Outros aproveitaram a oportunidade para diversificar, plantando amendoim ou outras plantações que, no fim, se mostraram mais lucrativas, mas isso mudou o sul dos Estados Unidos para sempre.

A cidade de Enterprise, no Alabama, até construiu um monumento ao bicudo para criar um marco do seu papel em forçá-los a abandonar o algodão em favor de plantações mais lucrativas.

Desde sua chegada, o bicudo-do--algodoeiro custou aos produtores de algodão 91 bilhões de dólares, mais de 2 milhões por dia. Uma enxurrada de venenos foi testada no bicudo, incluindo uma mistura de melaço e arsênico que os próprios agricultores podiam preparar, um pó de arseniato de cálcio e, por fim, DDT e outros inseticidas pós-Segunda Guerra Mundial. Os bicudos desenvolveram resistência a esses produtos químicos mesmo antes de serem banidos. Desde 1980, o Departamento de Agricultura dos Estados Unidos deu início a um programa de erradicação do bicudo-do-algodoeiro que inclui cada hectare de algodão plantado no país — 6 milhões de hectares no total. Usando técnicas integradas de controle de pragas, o bicudo já foi eliminado de 87% dos campos de algodão dos Estados Unidos, e os produtores reduziram o uso de pesticidas em pelo menos metade.

GORGULHO DA NOZ-PECÃ

Curculio caryae

Uma praga da nogueira-pecã e da castanheira americana, este gorgulho entra nas nozes e deposita seus ovos lá. As larvas comem o interior da noz à medida que crescem, e as pessoas que têm o azar de abrir uma dessas cascas vão se deparar com uma grande larva branca devorando seu miolo.

GORGULHO DA VIDEIRA NEGRA

Otiorhynchus sulcatus

Este inimigo dos jardins ornamentais se alimenta de plantas como glicínia, rododendro, camélia e teixo. Os adultos são todos fêmeas; nenhum macho é necessário para a reprodução. Elas põem seus ovos nas raízes das plantas, que são devoradas pelas larvas. As adultas se alimentam das folhas, deixando furos reveladores nas beiradas.

PEQUENOS SERES MORTAIS
NATUREZA MACABRA
DARKSIDE

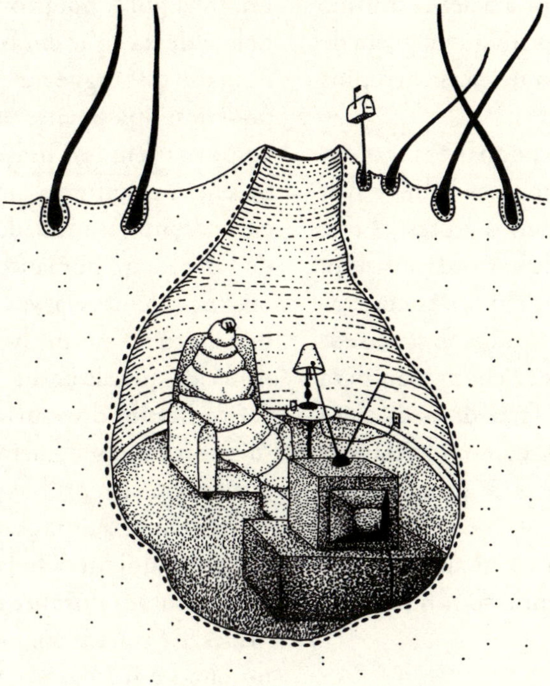

SOB A PELE

HORRÍVEIS

Ninguém gosta de larvas. Até o nome causa arrepios de repulsa.

Até o hater de insetos mais dedicado pode ser convencido a considerar os méritos de um besouro, uma aranha, uma formiga ou uma centopeia. Eles têm suas utilidades, hábitos interessantes e sua própria beleza estranha e complexa. Mas ninguém gosta de larvas. Até o nome causa arrepios de repulsa.

Essas minhoquinhas brancas são nada mais que moscas bebês e não são mais nem menos grotescas que as crias de qualquer outro inseto. Geralmente podem ser encontradas em volta de alguma fonte de comida que sua mãe encontrou para elas e não estão fazendo nada além de comer e crescer, como crianças normais. O que tem de tão ofensivo nisso?

Nada, a não ser quando a coisa que estão comendo somos nós.

MOSCA-BERNEIRA

Dermatobia hominis

Turistas voltando do México ou da América Central às vezes retornam com mais do que um belo bronzeado. A mosca-berneira pode pegar carona com os viajantes, revelando-se apenas quando um machucado que parece uma picada de inseto não melhora.

Essa mosca tem um método engenhoso de entrar na pele das pessoas. Ela pode penetrar direto por uma ferida aberta, mas uma estratégia ainda mais eficaz é capturar um mosquito, botar ovos em cima dele e deixá-lo ir em busca de um humano de sangue quente. Os ovos podem simplesmente cair do inseto ao pousar em um braço ou perna, ou então eclodir no momento que ele faz contato, animados pelo calor do hospedeiro humano. Quando os ovos eclodem, as larvas rastejam do mosquito na mesma hora e entram na ferida que ele abriu. Se não houver mosquito disponível, a mosca-berneira usa um carrapato como transporte sem problema algum.

Se não forem incomodadas, as larvas se alojam debaixo da pele e se alimentam durante dois ou três meses até saírem sozinhas, caírem no chão e formarem a pupa. Porém, a maioria das pessoas, ao serem confrontadas com uma ferida que nunca sara e a sensação desconfortável de que algo está se mexendo debaixo da pele, não vão deixá-la quieta. A ferida pode ser dolorida, coçar e liberar um líquido fétido, e algumas pessoas afirmam que podem até ouvir a criatura se mexendo. O único consolo é que essas feridas raramente infeccionam, graças a uma secreção antibacteriana da própria larva.

A extração de uma larva de mosca-berneira nem sempre é fácil, dependendo do local da picada e da saúde geral do hospedeiro humano. A algumas pessoas é recomendado ficar em casa e esperar, o que pode ser insuportável para qualquer um, exceto os mais entologicamente curiosos. Alguns tentam sufocá-la, cobrindo a ferida com fita adesiva, esmalte de unha ou vaselina, na esperança de enfraquecer a larva e puxá-la com maior facilidade. Os médicos usam uma ferramenta simples de primeiros socorros chamada de extrator de veneno para remover a criatura, e às vezes uma remoção cirúrgica é possível, contanto que a larva possa ser retirada por inteiro. Um remédio caseiro é deixar um pedaço de bacon sobre a ferida, com a teoria de que a larva vai preferir o bacon à carne humana e ir embora voluntariamente em busca dessa nova fonte de comida.

MOSCA-DA-BICHEIRA

Cochliomyia hominivorax

Qualquer criatura com nome como hominivorax — "devoradora de homem" — deve ser evitada. Os funcionários agrícolas dos Estados Unidos sabiam disso quando, em 1958, começaram uma campanha extraordinariamente sofisticada para erradicar a mosca. Eles expuseram os machos à radiação, tornando-os estéreis, e depois os soltaram por todo o sul. Quando estes acasalassem com as fêmeas, elas provavelmente morreriam sem acasalar novamente, o que levaria o ciclo de vida das moscas ao fim.

Graças a esses esforços, a mosca-da-bicheira foi totalmente eliminada dos Estados Unidos, apenas com surtos esporádicos que foram razoavelmente fáceis de tratar. Essa é uma boa notícia para os rebanhos que as moscas estavam atacando, e para os humanos também.

Uma fêmea grávida coloca de duzentos a trezentos ovos em volta de uma ferida ou nas beiras de membranas mucosas: nos olhos, ouvidos, nariz, boca ou genitais de humanos e outros animais, incluindo gado. Quando os ovos eclodem e as larvas começam a se alimentar, outras fêmeas são atraídas ao local e elas também põem ovos. As larvas se enterram bem fundo na ferida, alargando-a e trazendo risco de infecção. Elas vivem dentro do hospedeiro por cerca de uma semana, depois caem no chão para a pupação.

Um caso na região central da Califórnia, em 1952, ilustra o problema que essas moscas representaram nos Estados Unidos. Um homem que estava relaxando no quintal ficou espantando uma mosca que voava em volta da sua cabeça. A mosca desapareceu por um momento, mas em seguida o homem sentiu uma coceira estranha no nariz. Quando o assoou, a mosca saiu. Nos dias seguintes, um lado do seu rosto ficou tão inchado que ele foi ao médico; o profissional irrigou suas cavidades nasais e delas saíram vinte e cinco larvas. Foram precisos mais onze dias de irrigação para remover todas as duzentas larvas que resultaram da breve visita da mosca ao interior do nariz do homem.

Apesar de a chamada mosca-da-bicheira do Novo Mundo ser praticamente uma memória turva nos Estados Unidos, ela ainda é encontrada nas Américas Central e do Sul. Outra espécie, a mosca-da-bicheira do Velho Mundo, *Chrysomya bezziana*, é encontrada na África, Sudeste Asiático, Índia e Oriente Médio. Os médicos vêm observando que um aumento nos esportes de aventura e trilhas ao estilo de programas como Amazing Race por florestas tropicais e desertos fizeram com que uma nova geração de norte-americanos e europeus conhecesse novamente a mosca-da-bicheira.

MOSCA TUMBU

Cordylobia anthropophaga

Na África subsaariana, as pessoas temem a chegada da mosca tumbu, cujas fêmeas botam até trezentos ovos por vez no solo arenoso, de preferência contaminado com excrementos, se puderem encontrá-lo. Também são atraídas a roupas limpas penduradas para secar, depositando seus ovos ali com tanta frequência que os moradores locais — os que podem pagar — sabem que devem colocá-las na secadora quente ou passá-las a ferro para matá-las.

Quando os ovos eclodem, as larvas conseguem se enterrar na pele saudável, sem rachaduras, muitas vezes sem que a vítima perceba ou sinta qualquer dor. Nos dias seguintes, um furúnculo desagradável se desenvolve e, se ficar sem tratamento, coça, dói e solta um fluido repugnante composto de uma mistura de sangue e dejetos corporais das larvas.

Elas saem sozinhas após duas semanas, se não forem tiradas à força antes. Embora a mosca tumbu só seja encontrada na África, surgiram casos em outros lugares, supostamente porque os ovos pegaram carona em algum cobertor ou peça de roupa que tenha saído do continente.

MOSCA CORCUNDA

Megaselia scalaris

Esta mosca, encontrada no mundo todo, tem o hábito de correr com movimentos rápidos e erráticos. Ela também ganhou o nome de "mosca do caixão" por ser uma das muitas moscas que são atraídas por cadáveres. Infelizmente, é encontrada entre os vivos também.

As moscas corcundas também são conhecidas por sua horrível atração pelo trato urinário. Casos de miíase urogenital — infestações de ovos e larvas nas áreas urinárias ou genitais por moscas corcundas — foram documentados em áreas de pouca higiene, especialmente se algum tipo de ferida ou infecção já estava presente.

Em 2004, um iraniano que trabalhava no Kuwait se feriu quando o concreto de um canteiro de obras caiu em cima dele. No hospital, trataram suas fraturas e lacerações. Após duas semanas, ao trocarem suas ataduras, larvas de moscas corcundas apareceram na ferida. Ao calcular a idade das larvas, os administradores do hospital puderam determinar que o homem fora infectado no hospital e que as moscas tiveram que entrar por baixo dos curativos para depositar os ovos.

LARVA DE CHÃO DO CONGO

Auchmeromyia senegalensis

As pessoas que vivem em cabanas ao sul do Saara são aconselhadas a ficarem longe do chão. A larva de chão do Congo gosta de botar seus ovos no chão quente e seco das cabanas ou em cavernas e celeiros onde animais se abrigam. Quando as larvas eclodem, vagam pelo solo à noite em busca de uma criatura de sangue quente para se alimentarem. Elas picam humanos durante a noite e bebem seu sangue por cerca de vinte minutos por vez, mas, fora as picadas doloridas e inchadas, não transmitem doenças nem se enterram debaixo da pele. As pessoas que dormem em colchonetes não conseguem evitar as picadas, mas as que têm a sorte de dormir em camas raramente são incomodadas por essas sanguívoras noturnas.

PEQUENOS SERES MORTAIS
NATUREZA MACABRA
DARKSIDE

LAGARTAS-URTICANTES

DOLOROSOS

Uma canadense de 22 anos voltou das férias no Peru e encontrou hematomas estranhos nas pernas. Durante quatro dias ela ficou observando, mas eles só cresciam, em vez de diminuir. Fora isso, ela estava em perfeita saúde. Seu médico perguntou se acontecera algo incomum na viagem, e ela disse que, uma semana antes, caminhando descalça no Peru, tinha pisado em cinco lagartas. A dor foi imediata e aguda, subindo até a coxa e causando dor ao andar. Ela também teve dor de cabeça, mas se sentiu bem no dia seguinte e na hora não lhe ocorreu ir ao médico.

Após voltar para casa, apareceram os hematomas. Alguns estavam do tamanho da sua mão e ficando maiores. Os médicos dela procuraram relatórios clínicos de picadas de lagartas e descobriram que uma espécie brasileira poderia ser a responsável. Eles contataram um hospital local e tomaram providências para enviar para o Canadá um antissoro feito no Brasil. Demoraria dois dias para chegar.

Mas em seu terceiro dia no hospital — agora dez dias depois da picada das lagartas e após horas da chegada do antissoro brasileiro —, ela teve insuficiência renal e hepática. Seu sangue não estava coagulando direito. Quando o antissoro foi administrado, vários órgãos estavam em falência. Ela morreu naquele dia mais tarde.

Casos de morte por lagarta são extraordinariamente raros e limitados a poucas espécies conhecidas, mas existem muitas lagartas que utilizam defesas dolorosas para se protegerem.

LAGARTA-DE-FOGO

Lonomia obliqua e L. achelous

Essas são as espécies mais prováveis de terem matado a mulher canadense. *L. obliqua* é encontrada no sul do Brasil e *L. achelous* no norte do país e na Venezuela. As lagartas verdes, marrons e brancas são cobertas por pelos afiados que parecem minúsculos espinhos de cacto. Elas tendem a se amontoar no chão ou no tronco de uma árvore, o que torna possível ser picado por várias delas ao mesmo tempo apenas por andar descalço ou se recostar em uma árvore. As lagartas liberam uma poderosa toxina que provoca grandes hemorragias e falência de órgãos. Embora o antissoro desenvolvido no Brasil seja eficaz, ele deve ser administrado dentro de 24 horas da picada, tornando fundamental procurar atendimento médico imediato.

Cientistas brasileiros acreditam que o desmatamento está levando mais pessoas a terem contato com as lagartas. À medida que as árvores da floresta preferidas pelos insetos são derrubadas, as lagartas se mudam para áreas mais povoadas, procurando árvores frutíferas em pomares como fonte de alimento. Na última década, as autoridades sanitárias registraram 444 picadas das taturanas, sete das quais resultaram em morte.

LAGARTA DA MARIPOSA-CIGANA

Lymantria dispar

Uma invasiva mariposa europeia foi responsável por uma série de erupções cutâneas em crianças em idade escolar no norte da Pensilvânia. Na primavera de 1981, aproximadamente um terço das crianças de duas escolas do condado de Luzerne sofreram erupções nos braços, pescoços e pernas. Os médicos colheram amostras na pele e na garganta para testar contra infecção, mas não encontraram nada. Eles finalmente separaram as crianças que não tiveram erupções e as entrevistaram sobre a quantidade de tempo que passavam brincando na mata do lado de fora. Em seguida, fizeram as mesmas perguntas às crianças com as erupções e encontraram uma grande correlação entre as brincadeiras ao ar livre e o surto dessa irritação misteriosa. Concluíram que a erupção foi provocada pela lagarta da mariposa-cigana, que estava presente em altas concentrações na mata em torno das duas escolas.

A irritação causada pelos longos e sedosos pelos dessa lagarta pode ser dolorosa, mas não causa danos a longo prazo. No entanto, as lagartas causam danos significativos às florestas. Nos últimos trinta anos, mais de 400 mil hectares de florestas foram desfolhadas anualmente. Embora as lagartas não matem as árvores, as enfraquecem o suficiente para permitir o aparecimento de doenças. A lagarta e sua forma adulta, a mariposa-cigana, são encontradas no Canadá e ao longo da costa leste dos Estados Unidos até os estados de Michigan, Ohio, Minnesota, Illinois, Washington e Oregon.

LAGARTA-ARQUIDUQUE

Lexias spp

Essas belas borboletas do Sudeste Asiático muitas vezes são encontradas em conservatórios de borboletas e em coleções emolduradas. As asas dos machos adultos são primordialmente pretas com padrões azuis, amarelos ou brancos. As lagartas verde-claras, raramente vistas, exceto em seus países nativos ou em criadouros de borboletas, são cobertas por espinhos primorosamente afiados e estendidos para fora como as agulhas de um pinheiro. Essa armadura espinhenta detém os predadores e protege as jovens lagartas de serem comidas por suas irmãs na busca por alimento.

TRAÇA-DE-FLANELA

Megalopyge opercularis

Não se engane pelo fato desta lagarta parecer um minúsculo gato persa. A chamada mariposa-flanela ou mariposa-áspide é uma das lagartas mais tóxicas da América do Norte. Quem encostar em seus longos e sedosos pelos castanho-dourados os encontrará enterrados sob a pele, onde causam forte queimação, erupções e bolhas. A dor pode se espalhar pelo membro, e as reações mais extremas também podem incluir náusea, inchaço nos gânglios linfáticos e dificuldade respiratória. A maioria das pessoas se recupera em um dia, mas nos piores casos pode levar vários dias para os sintomas desaparecerem. Quem já foi picado diz que a dor parecia a de um braço quebrado ou como levar uma martelada; ela é tão intensa e inesperada que algumas pessoas também têm ataques de pânico.

Não existe tratamento específico, além de bolsa de gelo, anti-histamínicos ou cremes e pomadas pala aliviar a dor. Os pelos às vezes podem ser retirados aplicando fita adesiva na pele, mas até isso pode trazer pouco alívio. As lagartas são encontradas por todo o sul dos Estados Unidos no fim da primavera e começo do verão. As adultas, que aparecem mais tarde no verão, também são extremamente penugentas, lembrando uma grande abelha peluda.

dolorosa, porém inofensiva, embora as reações alérgicas possam ser graves e precisarem de cuidados médicos.

LAGARTA DA MARIPOSA IO

Automeris io

A mariposa Io é uma criatura comum em sua região nativa, que se estende do sul de Ontario, Quebec e New Brunswick, descendo pela Dakota do Norte e do Sul até o Arizona, Novo México e Texas, e ao leste até a Flórida. As mariposas têm grandes manchas que parecem olhos na parte inferior das asas, tornando-as populares entre fotógrafos da natureza. Porém, as lagartas também são fascinantes — e temíveis. Essas criaturas verde-claras são cobertas por nódulos carnudos, e de cada um deles brota um tufo de espinhos de pontas pretas. A picada é

LAGARTA COSTAS-DE-SELA

Acharia stimulea

Esta pequena e gorda lagarta marrom tem uma característica "sela" verde que passa pelo meio de suas costas e desce pelas laterais, com uma mancha roxa-escura no centro. Esta criatura apresenta grupos de espinhos que protegem sua cabeça, a extremidade traseira e as laterais do abdômen. A picada geralmente é descrita como parecida à de uma abelha. A lagarta costas-de-sela é encontrada por todo o sul dos Estados Unidos na primavera, e a mariposa adulta, marrom-escura, pode ser vista voando em julho e agosto.

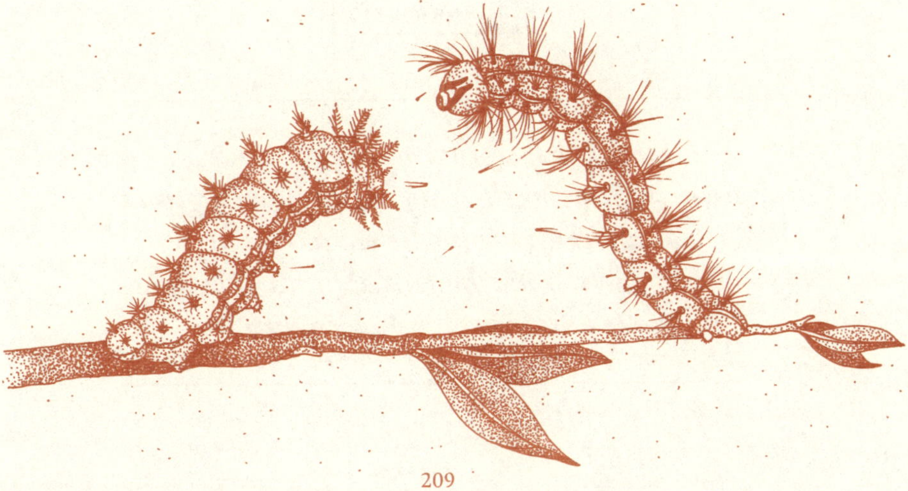

PEQUENOS SERES MORTAIS
NATUREZA MACABRA
DARKSIDE

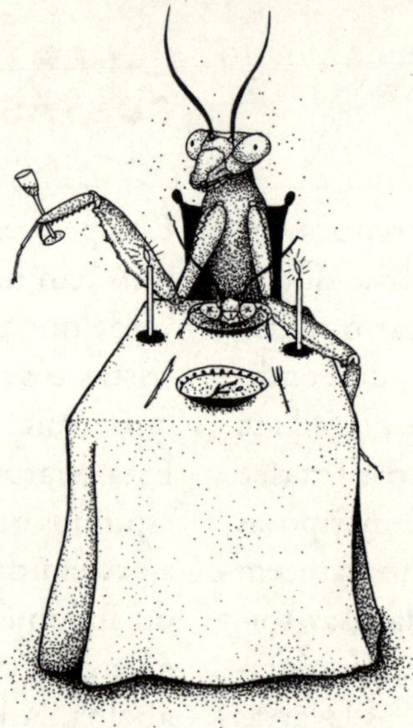

ELA NÃO ESTÁ TÃO A FIM DE VOCÊ

HORRÍVEIS

Os machos se aproximam com cautela, primeiro avaliando se a fêmea comeu alguma coisa recentemente. Se ela parece bem alimentada, o macho tem alguma esperança de passar pela provação vivo.

Os percevejos africanos não são as únicas criaturas que sofrem por amor. Práticas de acasalamento agressivas e competitivas são supreendentemente comuns, resultando em encontros verdadeiramente terríveis. Aqui estão apenas algumas histórias de terror da guerra dos sexos.

LESMA BANANA

Ariolimax californicus

Essas lesmas são uma visão surpreendente no chão da floresta: são mais compridas que um dedo e de um amarelo claro, exatamente a cor da banana. São encontradas em toda a Costa Oeste dos Estados Unidos, especialmente na Califórnia, onde são consideradas uma espécie de estranho tesouro local. A Universidade da Califórnia em Santa Cruz até adotou a lesma como sua mascote.

Para criaturas aparentemente tão pacíficas, elas praticam um sexo muito violento. As lesmas banana são hermafroditas — possuem órgãos sexuais masculinos e femininos — e, quando estão prontas para acasalar, deixam um rastro de gosma como sinal aos parceiros em potencial. Como uma espécie de preliminar, as duas lesmas comem a gosma uma da outra. Depois elas se medem, literalmente. Como as lesmas se penetram simultaneamente, elas tentam encontrar parceiras aproximadamente do mesmo tamanho para não ficarem presas. Ao se aproximarem uma da outra, enrolando-se em forma de S para facilitar o acasalamento, elas frequentemente se mordem. Isso é um comportamento normal das lesmas, mas acaba deixando as duas machucadas e esgotadas.

As lesmas podem ficar enroscadas por várias horas. Quando finalmente começam a se soltar, não é incomum descobrirem que ficaram irremediavelmente presas uma à outra, não restando escolha a não ser arrancar fora o pênis do parceiro a mordidas. Esse comportamento, chamado de apofalação, pode parecer um beco sem saída evolutivo, mas, na verdade, a lesma sobrevive e pode continuar acasalando, desempenhando apenas o papel feminino.

VAGA-LUME

Photuris versicolor

Os vaga-lumes usam sua encantadora exibição de luzes para sinalizar uns aos outros durante os rituais de corte do verão. Os machos saem voando à noite, piscando suas luzes e esperando atrair uma fêmea. Cada espécie se comunica com seu próprio padrão de piscadas longas e curtas, a fim de não atrair uma fêmea da espécie errada. As fêmeas respondem com sua própria piscada, e essa resposta também é específica para cada espécie: o tempo que passa entre o sinal do macho e a resposta da fêmea varia em cada espécie, e é essa pequena diferença nos sinais que permite aos vaga-lumes compatíveis se encontrarem.

O sistema funciona razoavelmente bem, até uma vaga-lume *femme fatale*, pertencente à espécie *Photuris versicolor*, se envolver. Ela emite um padrão luminoso para atrair um parceiro, mas também manda um sinal enganoso para atrair um macho de outra espécie, *Photinus ignites*. Se conseguir convencê-lo a se aproximar, ela o ataca e o devora. Mas o macho dessa espécie é mais do que um simples jantar para ela: ao comê-lo, ela incorpora alguns dos elementos químicos de defesa usados por ele para afastar os predadores. Esses elementos químicos protegem não só ela, mas seus filhos também.

LOUVA-A-DEUS-CHINÊS

Tenodera aridifolia sinensis

Um louva-a-deus fêmea nem sempre devora seu parceiro, mas isso acontece com frequência suficiente para deixar os machos nervosos. Eles se aproximam com cautela, primeiro avaliando se a fêmea comeu alguma coisa recentemente. Se ela parece bem alimentada, o macho tem alguma esperança de passar pela provação vivo. Se estiver com fome, ele pode procurar outra parceira ou saltar para cima dela de uma distância maior para evitar ser agarrado.

Apesar dos esforços do macho, as fêmeas realmente têm a tendência de virar durante a cópula e arrancar a cabeça do parceiro a mordidas. Quando isso acontece, ele continua se acasalando com ela, concluindo o ato enquanto ela termina seu jantar. Ao final do encontro, a única coisa que resta dele são as asas.

O macho sortudo que sobreviveu a um encontro com uma fêmea muitas vezes é visto parado em cima dela por alguns momentos após o ato. Isso não é um sinal de afeto, e sim de medo. Os machos que chegaram até esse ponto sabem que não devem fazer nenhum movimento brusco.

Eles descem lentamente, com grande cautela, na esperança de escapar de maneira segura e tranquila.

TECEDEIRA-DE-SEDA-DOURADA

Nephila plumipes

Essa aranha australiana é notavelmente canibal. Aproximadamente 60% dos encontros sexuais terminam com a fêmea devorando o macho. De fato, eles constituem parte significativa da ingestão nutricional das fêmeas. Para piorar as coisas, os machos muitas vezes não conseguem se desprender das suas parceiras sem quebrar parte do seu próprio órgão sexual e deixá-lo dentro da fêmea.

Embora isso possa ser visto como uma vantagem genética — no mundo dos insetos não é incomum os machos deixarem para trás um "tampão genital", impedindo que outros machos se acasalem com sua parceira eleita — esse não parece ser o caso da Nephila plumipes. Outros machos são perfeitamente capazes de se acasalarem com a fêmea, simplesmente contornando os destroços do último encontro dela.

Os pesquisadores dizem que, por causa dessa lesão, "os machos podem esperar um sucesso limitado de acasalamento, mesmo que sobrevivam à cópula... Assim, o custo do canibalismo pós-acasalamento para os machos pode ser bem pequeno". Em outras palavras, sem perspectiva de outro encontro sexual no futuro, é melhor mesmo ser comido. Pelo menos assim proporcionam uma refeição decente à mãe de seus filhotes como ato final de paternidade.

ARANHA-CARANGUEJO

Xysticus cristatus, outras

Levando em consideração os riscos do amor enfrentados pelos machos no mundo dos aracnídeos e dos insetos, não é de se admirar que algumas espécies de aranha-caranguejo tenham elaborado outro plano. As aranhas-caranguejo macho foram observadas aproximando-se das fêmeas com cautela, cutucando-as para avaliar sua disposição para o namoro e em seguida enrolando rapidamente alguns fios de teia nas pernas da fêmea para imobilizá-la durante o acasalamento. Essa forma de bondage é educadamente chamada de véu de noiva por cientistas que observaram o ritual.

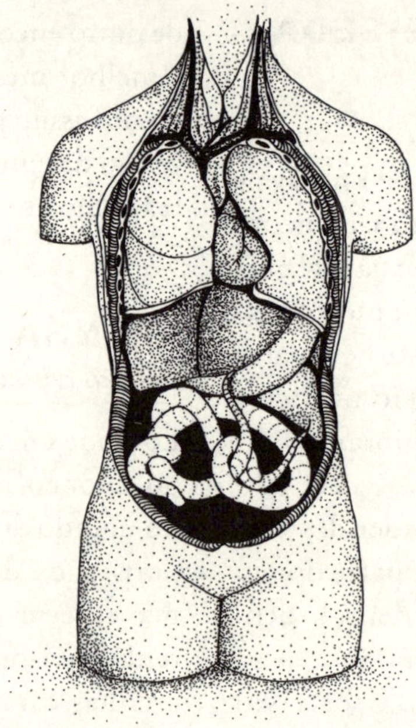

INIMIGO INTERNO

PERIGOSOS

Em 1857, o médico alemão Friedrich Küchenmeister publicou um livro sobre parasitas humanos no qual descrevia a angústia que as pessoas sentiam ao descobrir tênias tentando sair de seus corpos. "A passagem dos segmentos sem fezes é um incômodo constante aos pacientes", escreveu ele. "Os proglotes [segmentos de tênia] aderem ao corpo nu, nas calças ou sob as anáguas, sendo desagradáveis devido à sua frieza pegajosa, e incomodam muito os pacientes; as mulheres, em especial, temem que os proglotes caiam no chão despercebidos quando estão andando ou de pé."

Mas os vermes parasitas fazem mais do que constranger mulheres de anáguas. Muitas vezes, eles são ajudados por outras criaturas que têm um papel fundamental em fazer os vermes entrarem em nossos corpos em primeiro lugar.

TÊNIA DA CARNE DE PORCO

Taenia solium

No outono de 2008, uma mulher de 37 anos no Arizona estava prestes a ter o dia mais assustador de sua vida. Ela estava sendo levada para a cirurgia de remoção de um tumor dentro do cérebro. Era um procedimento arriscado, mas a mulher tinha pouca escolha: seu braço esquerdo estava dormente, ela havia perdido o equilíbrio e estava começando a ter dificuldade para engolir. O tumor precisava ser extraído.

Deve ter sido um choque para a equipe médica reunida em torno dela na sala de operação quando, no meio do procedimento, com o crânio da mulher aberto e o cérebro exposto, o cirurgião começou a gargalhar. Ele ficou tão aliviado ao descobrir que, em vez de um tumor intratável, a mulher estava sofrendo de têníase. Remover o verme foi coisa simples, e a mulher acordou da cirurgia com a incrível notícia de que não tinha tumor no cérebro coisa nenhuma.

Uma infestação com essa tênia começa quando alguém come carne de porco crua ou malpassada cheia de larvas de tênia. Dentro dos porcos, as larvas formam cistos cheios de líquido que não se transformam em vermes adultos, a não ser quando ingeridas por humanos. Depois que uma pessoa come porco infestado com esses cistos, as larvas se estabelecem na parede intestinal, onde amadurecem e chegam a vários metros de comprimento. As tênias adultas podem ocupar o intestino por vinte anos, liberando milhares de ovos que são expelidos do corpo nas fezes. A tênia adulta pode sair do corpo sozinha ou ser morta com medicamentos prescritos.

A mulher do Arizona provavelmente se infectou não com carne de porco malcozida, mas sim através do contato com fezes impregnadas com ovos de tênia. Uma maneira de isso acontecer é quando os manipuladores de alimentos infestados com tênia não lavam as mãos após usarem o banheiro, permitindo que os ovos de tênia das fezes permaneçam nas mãos enquanto preparam a comida. Quando as pessoas engolem os ovos, em vez das larvas, ocorre um tipo diferente de infestação. Os ovos, quando engolidos, eclodem em larvas que a princípio são bem mais móveis, preferindo explorar o corpo em vez de permanecerem no intestino. Elas podem migrar para os pulmões, fígado ou cérebro.

Embora os porcos sirvam de hospedeiros para as tênias, permitindo que os ovos se desenvolvam em larvas, os humanos são os únicos hospedeiros definitivos conhecidos. Isso significa que as larvas só podem chegar à fase adulta dentro de um humano.

Para espanto da comunidade médica, a apresentadora de talk show Tyra Banks dedicou um episódio de seu programa à chamada dieta da tênia, na qual as pessoas voluntariamente ingerem ovos de tênia para perder peso. Na verdade, as tênias podem causar graves problemas digestivos, anemia e danos aos órgãos, e podem até fazer as pessoas ganharem peso, em vez de perderem, tornando esse plano de dieta muito perigoso.

Estima-se que a tênia da carne de porco infeste uma em cada dez pessoas no mundo todo, com a taxa muito maior em países pobres. A presença de tênias no cérebro é hoje a principal causa de epilepsia no mundo todo, uma tragédia que poderia ser facilmente evitada com melhores condições de saneamento básico.

FILARIOSE LINFÁTICA

Wuchereria bancrofti e Brugia malayi

Também conhecida como elefantíase, a infestação com esses vermes parasitas deixa a pele grossa e enrugada e causa um inchaço grotesco de braços, pernas, mamas ou órgãos genitais. Mais de 120 milhões de pessoas no mundo todo são portadoras do parasita, com 40 milhões sofrendo os sintomas mais graves. Os parasitas precisam tanto de mosquitos quanto de humanos para completar seu ciclo de vida: eles só podem se desenvolver do estágio inicial (chamados de microfilárias, nesse caso) para larvas dentro de um mosquito, e essas larvas só podem chegar à fase adulta dentro de um humano. A prole dos vermes adultos — a próxima geração de microfilárias — deve encontrar o caminho de volta para dentro de um mosquito para continuar a crescer e repetir o processo.

Uma picada de um mosquito infectado provavelmente não vai transmitir a doença. Podem ser necessárias centenas de picadas para que uma quantidade suficiente de larvas machos e fêmeas entrem no corpo, encontrem-se e reproduzam--se. Uma vez estabelecidos, porém, os vermes adultos se instalam no sistema linfático e constroem estruturas parecidas com ninhos que bloqueiam o fluido linfático e provocam o inchaço característico. Os adultos vivem de cinco a sete anos, acasalando-se e produzindo milhões de descendentes, que circulam no sangue na esperança de serem extraídos por picadas de mosquitos para continuarem seu ciclo de vida.

Essa doença é encontrada principalmente em locais mais pobres. Embora um exame de sangue consiga detectar a presença das microfilárias, uma peculiaridade no comportamento delas torna esse método pouco confiável: as minúsculas criaturas só circulam na corrente sanguínea à noite, quando os mosquitos picam. Durante o dia, podem nem aparecer no exame de sangue. O tratamento é ainda mais difícil: não existe uma forma de eliminar os vermes adultos, mas um comprimido anual de um vermífugo chamado ivermectina mata a prole e impede que a transmissão da doença continue.

Mas a distribuição dos comprimidos anuais não é fácil em áreas remotas ou países divididos pela violência. Atualmente, as autoridades sanitárias estão tentando uma nova abordagem: adicionar o vermífugo ao sal de mesa, a um custo de apenas 26 centavos de dólar por saco. Na China, a doença foi eliminada após o governo ordenar que as pessoas usassem o sal.

Embora a ideia de distribuir sal com remédio às pessoas mais pobres do mundo possa parecer estranha ou perturbadora, ela traz muitos benefícios. Os vermífugos matam vários outros parasitas incômodos, incluindo lombrigas, piolhos e sarnas.

BARRIGA D'ÁGUA

Schistosoma sp.

Um caracol de água doce é o responsável pela transmissão desse verme parasita. Os ovos dos vermes *Schistosoma* são excretados de pessoas infectadas nas fezes ou na urina. Se esses resíduos forem parar em um rio ou lago, os ovos eclodem e em seguida precisam entrar no corpo de um caracol de água doce para se desenvolverem na próxima geração. Depois, são liberados do caracol e aguardam um humano entrar na água para poderem se enterrar na pele e continuar seu ciclo de vida.

Essa doença, chamada de esquistossomose ou bilharzíase, infecta 200 milhões de pessoas no mundo todo, principalmente na África, mas também no Oriente Médio, Leste Asiático, América do Sul e Caribe. As pessoas desenvolvem uma erupção cutânea, sintomas parecidos com os da gripe, urina com sangue e danos aos intestinos, bexiga, fígado e pulmões. Uma pílula de dose única, praziquantel, administrada uma vez ao ano, trata a doença e impede a transmissão. O medicamento custa apenas 18 centavos de dólar por comprimido, e isso, aliado a um melhor saneamento básico, pode um dia eliminar a doença.

LOMBRIGA

Ascaris lumbricoides

A *Ascaris lumbricoides* não precisa da ajuda de um mosquito ou caracol para chegar ao trato digestivo humano. Com mais de trinta centímetros e aproximadamente o diâmetro de um lápis, ela é perfeitamente capaz de cuidar de si mesma. As lombrigas se alojam no intestino delgado, onde vivem até dois anos. As fêmeas podem botar até 2 mil ovos por dia. Esses ovos são eliminados do corpo nas fezes. Quando chegam ao chão, desenvolvem-se em pequenas larvas que podem encontrar o caminho de volta ao corpo humano. Isso tem maior probabilidade de acontecer em regiões com saneamento básico precário, onde crianças podem brincar no chão perto de áreas usadas como latrina, ou em comunidades que usam dejetos humanos tratados de forma inadequada como fertilizante nas plantações, que depois comem sem lavar direito.

Depois que voltam ao corpo, os vermes passam cerca de duas semanas nos pulmões e depois passam para a garganta, onde são engolidos para chegarem ao intestino delgado e crescerem até ficarem adultos. Nos piores casos, as pessoas podem abrigar centenas de lombrigas adultas no intestino. Estranhamente, os vermes são bastante perturbados por anestesia geral e conhecidos por fugirem do corpo pelo nariz ou pela boca na mesa de operação. Em regiões onde as infestações por lombriga são comuns, os cirurgiões aprenderam a administrar vermífugos antes da cirurgia para impedir que lombrigas assustadas bloqueiem os tubos de intubação na tentativa de saírem do corpo.

Embora algumas pessoas sintam apenas leves sintomas abdominais, um caso grave de infestação por lombriga (chamada de ascaridíase) pode causar problemas respiratórios, deficiências nutricionais, danos a órgãos e graves reações alérgicas. Estima-se que 1,5 bilhão de pessoas — até um quarto da população mundial — estejam infestadas de lombrigas. A maioria é composta de crianças. As lombrigas matam cerca de 60 mil pessoas ao ano, principalmente por bloqueios intestinais. As infestações são encontradas em regiões tropicais e subtropicais ao redor do mundo, e às vezes nas regiões ao sul dos Estados Unidos. Medicamentos prescritos podem matar os vermes e uma bactéria do solo chamada Bt (*Bacillus thuringiensis*), usada para controlar nematoides no solo, parece promissora no tratamento de pessoas também. Mas a única maneira segura de eliminar a doença é a melhoria no saneamento básico.

VERME-DA-GUINÉ

Dracunculus medinensis

Em 1988, o presidente americano Jimmy Carter viu infestações de vermes-da-guiné em primeira mão quando estava visitando uma aldeia em Gana como parte do trabalho humanitário do Carter Center. Mais da metade da população da aldeia estava debilitada pelos vermes. Ele disse aos repórteres: "Minha lembrança mais vívida era de uma bela jovem de uns 19 anos com um verme saindo do seio. Depois, ficamos sabendo que saíram dela outros onze naquela estação".

A dracunculíase, mais conhecida como doença do verme-da-guiné, é uma doença antiga que já foi encontrada em múmias egípcias. É transmitida por um minúsculo crustáceo de água doce chamado copépode que as pessoas engolem ao beberem de lagos ou outras fontes de água suja. Ao engolirem, o copépode morre, mas os vermes-da-guiné dentro dele passam para o intestino delgado para crescerem e se acasalarem. O macho morre, mas a fêmea acaba atingindo de sessenta a noventa centímetros de comprimento, parecendo um longo fio de espaguete. Ela se enterra no tecido conjuntivo, ao redor das articulações ou ao longo dos ossos dos braços e das pernas.

A doença do verme-da-guiné é uma doença antiga que já foi encontrada em múmias egípcias.

Uma pessoa pode nem saber que foi infestada até um ano ter se passado. Nesse momento, a fêmea decide que está pronta para ir embora e vai para perto da pele, formando bolhas que se rompem após alguns dias. Molhar a ferida em água fria traz um pouco de alívio à dor ardente, e o verme está contando exatamente com isso. Assim que sua vítima coloca o braço ou a perna na água, ele sai ligeiramente da pele e solta milhões de larvas, perpetuando o ciclo de vida. O pior de tudo é que a fêmea sai do corpo no tempo dela, e qualquer tentativa de puxá-la ou cortá-la em pedaços só acaba resultando no verme entrando de volta no buraco e reaparecendo mais tarde em outro local.

Tratar as pessoas não é fácil, pois não existe medicamento que funcione contra o verme. As pessoas precisam esperar o parasita se mostrar e depois enrolar com cuidado um pedaço de gaze ou amarrar um pedaço de pau em volta da parte que sai da pele para que ele não consiga entrar novamente. Todos os dias, de pouquinho em pouquinho, a parte visível do verme é enrolada até que, após cerca de um mês, tenha saído por completo.

O combate à doença do verme-da-guiné é notável por ter sido tão eficaz. Vinte anos antes, havia 3,5 milhões de casos em vinte países na África e na Ásia, e hoje restam apenas 3,5 mil casos, principalmente em Gana, Sudão e Etiópia. Para conter a doença, as pessoas aprenderam a filtrar a água através de panos ou de palha que pudessem carregar consigo.

Se os esforços atuais de combate ao parasita continuarem, a doença do verme-da-guiné vai se tornar a primeira doença parasítica a ser eliminada por completo e a primeira doença humana de qualquer tipo a desaparecer sem nenhuma assistência de vacinas ou medicamentos.

AS FORMIGAS VÃO MARCHANDO

DOLOROSOS

Justin Schmidt, entomologista que estuda picadas venenosas, criou a Escala Schmidt de Dor de Picada para quantificar a dor infligida por formigas e outras criaturas picadoras. Suas descrições surpreendentemente poéticas conferem um pouco de ordem à hierarquia das picadas de formiga em comparação às de abelhas e vespas:

1.0 Abelha do suor: leve, efêmera, quase frutada. Uma pequena faísca chamuscou um único fio de cabelo do seu braço.

1.2 Formiga-de-fogo: aguda, repentina, levemente alarmante. Como andar sobre um tapete felpudo e alcançar o interruptor de luz.

1.8 Formiga acácia-de-chifre-de-búfalo: uma espécie de dor rara, penetrante e elevada. Alguém grampeou sua bochecha.

2.0 Vespa de cabeça branca: rica, forte, ligeiramente crocante. Similar a prender a mão em uma porta giratória.

2.0 Vespa comum: quente e esfumaçada, quase irreverente. Imagine W. C. Fields apagando um charuto na sua língua.

2.x Abelha comum e vespa-europeia: como um fósforo que risca e queima a pele.

3.0 Formiga-ceifeira-vermelha: ousada e implacável. Alguém usando uma furadeira para tirar sua unha encravada.

3.0 Vespa-do-papel: cáustica e ardente. Deixa um sabor nitidamente amargo. Como derramar um béquer de ácido clorídrico em um corte feito com papel.

4.0 Marimbondo-caçador: cegante, violenta, chocantemente elétrica. Um secador de cabelo ligado caiu no seu banho de espuma.

4.0+ Formiga-cabo-verde: dor pura, intensa, brilhante. Como andar sobre carvão em brasa com um prego enferrujado de quase dez centímetros no calcanhar.

As formigas são incrivelmente úteis, atuando como trituradoras para decompor a matéria orgânica, reciclando os nutrientes de volta ao solo e servindo como fonte de alimento para outras pequenas criaturas na cadeia alimentar. Elas também são uma maravilha da organização social, mantendo colônias complexas com divisões de trabalho, comunicação sofisticada e a impressionante capacidade de agir em grupo para executar suas missões.

Elas travam guerras, mantêm fazendas de fungos e constroem ninhos intrincados com câmaras para creches e outras funções importantes para a comunidade. Mas o comportamento de algumas formigas não é apenas fascinante — é apavorante e, em alguns casos, brilhantemente doloroso.

FORMIGA-DE-FOGO

Solenopsis invicta

Também conhecida como formiga-lava-pés, essa nativa da América do Sul forma colônias de até 250 mil integrantes que se alimentam de secreções de pulgões, além de animais mortos, minhocas e outros insetos. Elas podem tomar conta dos ninhos de pássaros e roedores, devorar os brotos de plantações, como soja e milho, e até mesmo estragar equipamentos agrícolas.

Sua capacidade de interferir em sistemas mecânicos e elétricos é especialmente incômoda. Elas mastigam o isolamento em torno da fiação, interruptores e controles, resultando em tratores que não ligam, circuitos elétricos que entram em curto e ares-condicionados que não funcionam. Elas já desligaram semáforos e puseram em risco até mesmo o projeto do super colisor, hoje extinto, na área central do Texas. Ao todo, os estragos causados por formigas-de-fogo nos Estados Unidos superam 2 bilhões de dólares por ano.

Mas a maioria das pessoas as temem por sua picada forte. Entre um terço e metade de todas as pessoas que vivem no caminho da formiga-de-fogo — uma área que se estende do Novo México à Carolina do Norte — são picadas todo ano. Quando atacam, geralmente em reação a alguém que tropeçou acidentalmente em uma colônia, elas picam com força, para obterem boa aderência, e em seguida injetam seu veneno, causando uma dor imediata no local da picada. Se não for espantada, a formiga pica mais algumas vezes na mesma área. Essas picadas deixam um vergão vermelho com uma pústula branca no centro.

Um ataque grave, e a coceira que geralmente se segue, pode trazer infecção e deixar cicatrizes. Pessoas que trabalham na construção ou paisagismo correm o risco de levar centenas de picadas de uma vez ao se depararem com uma colônia, às vezes resultando em um inchaço extremo do braço ou da perna que pode durar um mês ou mais. Em 2006, uma mulher da Carolina do Sul morreu de um ataque desses enquanto trabalhava no jardim como resultado do mesmo tipo de choque anafilático que afeta algumas pessoas picadas por abelhas.

As tentativas de controlar essas formigas têm sido tão caras, demoradas e ineficazes que o biólogo E. O. Wilson as chamou de "o Vietnã da entomologia". Sprays químicos acabaram apenas com as concorrentes, facilitando o estabelecimento das formigas-de-fogo. Atualmente, autoridades na Austrália estão caçando-as de helicóptero, usando equipamentos de detecção de calor para localizar os enormes formigueiros, para que os pesticidas possam ser injetados diretamente na casa delas.

FORMIGA-SAFÁRI

Dorylus sp.

Quando estão com fome, as formigas-safári caem na estrada. Em bandos sem líder, elas atravessam aldeias da África Central e Oriental, dizimando tudo em seu caminho. Até 20 milhões de formigas se unem ao bando, o suficiente para construir túneis à medida que se locomovem e dominar gafanhotos, minhocas, besouros e até animais maiores como cobras e ratos. Como essas formigas de 2,5 centímetros de comprimento atravessam vilas e casas, as pessoas podem ser forçadas a se mudarem durante o ataque. Isso nem sempre é algo ruim: as formigas eliminam baratas, escorpiões e outras pragas domésticas durante sua marcha.

Em 2009, uma arqueóloga que estava exumando os corpos de gorilas na Ruanda para fazer pesquisas sobre a evolução acordou em uma manhã e encontrou um rio de formigas-safári passando pelo local da escavação. "Só para você saber", disse uma de suas colegas, "esse dia vai ser uma porcaria." As cientistas usaram equipamentos de proteção e tentaram ficar o mais longe possível daquele enxame. Ao fim do dia, as formigas tinham comido o suficiente e seguiram em frente. Quando voltou para a escavação, a equipe percebeu que as formigas-safári tinham feito um favor, removendo todos os outros bichos do solo, permitindo a recuperação de esqueletos limpos e intactos.

FORMIGA-CABO-VERDE

Paraponera clavata

Em inglês, essa formiga tem o nome de *bullet ant,* pois a sensação da picada é como levar um tiro. Quem já teve a infelicidade de ser picado por essa formiga sul-americana de 2,5 centímetros de comprimento diz que a dor é insuportável por várias horas e depois vai diminuindo nos próximos dias. Algumas pessoas ficam temporariamente impossibilitadas de usar o membro picado, e algumas relatam náusea, suor e tremedeiras após o ataque.

O naturalista britânico e astro de televisão Steve Backshall deliberadamente enfrentou a picada da formiga-cabo-verde ao filmar um documentário no Brasil. Ele se juntou a membros da tribo Sateré-Mawé em um ritual de iniciação masculina que envolvia ser picado continuamente por um bando de formigas durante dez minutos. A dor o deixou aos berros e aos prantos, contorcendo-se no chão. Em pouco tempo, estava babando e quase sem reação, graças às poderosas neurotoxinas do veneno. "Se tivesse um facão à mão", disse ele aos repórteres, "eu teria cortado meus braços fora para fugir da dor."

FORMIGA-ARGENTINA

Linepithema humile

Essa minúscula espécie de formiga castanho-escura provavelmente entrou em New Orleans nos anos 1890 a bordo de um navio de café vindo da América Latina. O clima ameno e úmido da costa se mostrou tão favorável que as formigas se espalharam por todo o sudeste até a Califórnia, no oeste. Os produtores de cítricos soaram o alarme já em 1908, mas as tentativas de controlar essa formiga invasora se mostraram ineficazes. As últimas notícias sobre a capacidade da formiga-argentina de formar supercolônias que se estendem por centenas de quilômetros parecem coisa de filme de terror.

Essas formigas de três milímetros de comprimento são surpreendentemente agressivas, considerando seu tamanho. Elas não picam nem mordem as pessoas, mas já eliminaram colônias de formigas nativas com o triplo do seu tamanho. A perda dessas formigas nativas significa o desparecimento de uma fonte de alimento para criaturas em níveis mais elevados da cadeia alimentar, incluindo o lagarto chifrudo da costa da Califórnia, que não só perdeu sua fonte favorita de alimento como também precisa enfrentar ataques de bandos de formigas-argentinas.

Mas a fonte de comida predileta da formiga-argentina não são outras formigas, é a melada, a secreção doce de pulgões e cochonilhas. Para garantir que essas pragas produzam melada suficiente, as formigas de fato "cultivam" os pulgões e as cochonilhas, protegendo-os enquanto eles fazem seus estragos em roseiras, árvores cítricas e outras plantas, e até mesmo carregando as pragas para garantir que encontrem bastante comida.

A perturbação causada por essas formigas, que podem existir aos milhões debaixo da casa de uma única família, é quase impossível de mensurar. Elas já expulsaram outras formigas, cupins, vespas, abelhas e até pássaros de seus ninhos e causaram danos às safras agrícolas. Agem de maneira incrivelmente organizada, militarista, nunca entrando em guerra umas com as outras, sempre trabalhando em conjunto para realizar sua missão.

Na verdade, os entomologistas agora percebem que a população de formigas-argentinas que se estende de San Diego até o norte da Califórnia é uma supercolônia gigante de formigas geneticamente parecidas. Uma colônia europeia se estende por toda a costa do Mediterrâneo, e supercolônias na Austrália e Japão também estão bem estabelecidas. Os membros de todas essas colônias são parentes tão próximos e tão relutantes em lutar uns com os outros que quase podem ser considerados uma megacolônia global, que age como uma única entidade no cumprimento de sua missão.

As tentativas de controlar as formigas-de-fogo têm sido tão caras, demoradas e ineficazes que o biólogo E. O. Wilson as chamou de "o Vietnã da entomologia".

ZUMBIS

HORRÍVEIS

O mundo dos insetos tem sua própria versão de *A Noite dos Mortos-Vivos.* Esses bichos não só comem os outros; eles de fato os habitam e os obrigam a cumprir ordens. Algumas vítimas são forçadas a pularem em um lago, enquanto outras se veem defendendo seus captores de outros agressores. Raramente os "zumbis" se beneficiam desse estranho comportamento. Quando sua função no ciclo de vida do predador acaba, eles passam de "mortos-vivos" para simplesmente "mortos".

VESPA-ESMERALDA

Ampulex compressa

Também chamada de vespa-joia por sua coloração verde iridescente, esta pequena vespa nativa da Ásia e da África não tem medo de enfrentar uma barata muito maior que ela e forçá-la a cumprir suas ordens. Quando está grávida, a fêmea caça uma barata e lhe dá uma ferroada que a imobiliza por um breve período. Isso dá a ela um tempinho para agir. Em seguida, desliza o ferrão diretamente no cérebro da barata, dando-lhe outra ferroada para desativar seu instinto de fuga. Após ganhar o controle, a vespa pode conduzi-la pelas antenas como um cachorro na coleira.

A barata segue a vespa até seu ninho e se senta obedientemente. Ela bota um ovo na parte inferior da barata e a deixa no ninho, esperando pacientemente o ovo chocar e se tornar uma larva. A larva abre um buraco no abdômen da barata e entra lá dentro, passando a próxima semana comendo seus órgãos internos e construindo um casulo para si. Isso acaba matando a barata, mas o casulo permanece no corpo dela por um mês. A vespa sai lá de dentro como adulta, deixando apenas a carcaça da barata para trás.

Após ganhar o controle da barata, a vespa pode conduzi-la pelas antenas como um cachorro na coleira.

PEIXE-COMEDOR-DE-LÍNGUA

Cymothoa exigua

Um crustáceo aquático que parece um tatuzinho-de-jardim, esta criatura entra no corpo de um peixe pelas guelras e se agarra à sua língua. Ele se alimenta da língua do peixe até restar apenas um toco. Isso não o incomoda: ele se segura no toco, continuando a sugar sangue do hospedeiro, e age como uma língua para que o peixe possa continuar a se alimentar. De tempos em tempos, os parasitas são encontrados dentro das bocas de peixes inteiros nas peixarias, para horror dos consumidores.

VESPAS PARASITOIDES

Glyptapanteles sp

Essas vespas procuram espécies específicas de lagartas e põem até oitenta ovos dentro delas. Não há nada particularmente incomum nisso: muitas vespas botam ovos sobre ou dentro de lagartas. Mas esta espécie faz uma coisa diferente: seus ovos crescem dentro do corpo da lagarta, depois eclodem e as larvas saem para se envolver em casulos em alguma planta próxima. A lagarta sobrevive a esse processo muito invasivo e fica por perto após as vespas passarem para a fase de casulo. Se um predador, como um besouro ou percevejo, se aproximar dos casulos, a lagarta se debate e derruba o predador. Quando as vespas chegam à idade adulta, saem voando e a lagarta morre sem ter ganhado nada com seu estranho comportamento protetor.

VERME LISTRADO DE VERDE

Leucochloridium paradoxum

No que certamente é um dos ciclos de vida mais bizarros da natureza, os ovos desse platelminto são secretados em excrementos de pássaros, onde devem ser comidos por caracóis para poderem eclodir. Após devorados, passam para o trato digestivo do molusco e eclodem para formar longas estruturas tubulares que invadem os tentáculos do caracol. A essa altura, ele não consegue enxergar nem retrair seus tentáculos que, uma vez invadidos pelo parasita, assumem cores brilhantes e balançam ao ar livre, um comportamento que é muito atraente aos pássaros. As aves descem e dão uma bicada, e isso é exatamente o que o parasita queria. Quando está em segurança dentro do corpo do pássaro, ele pode chegar à fase adulta e botar ovos, que serão excretados nas fezes do pássaro para que o ciclo possa começar novamente.

VERME-CRINA-DE-CAVALO

Spinochordodes tellinii

Este verme parasita começa a vida como uma larva microscópica, nadando na água na esperança de ser engolido por um gafanhoto tomando um gole. Uma vez dentro dele, chega à fase adulta, mas com um problema: ele precisa voltar para a água para encontrar um parceiro. Para conseguir isso, assume o controle do cérebro do gafanhoto — talvez liberando uma proteína que altera seu sistema nervoso central — e convence o hospedeiro a cometer suicídio pulando no corpo d'água mais próximo. Após o gafanhoto se afogar, o verme abandona o corpo e sai nadando.

FORÍDEO

Pseudacteon spp.

Uma minúscula mosca sul-americana pode ser a solução para o problema da formiga-de-fogo no sul dos Estados Unidos. Essa mosca injeta seus ovos na formiga; as larvas comem o cérebro da formiga, fazendo-a perambular sem rumo durante uma ou duas semanas. Por fim, sua cabeça cai e as moscas adultas emergem em busca de outras formigas para matar. Essa forma violenta e cruel de controle de pragas é altamente prazerosa para quem foi atormentado pelas formigas. Pesquisadores da Universidade do Texas estão soltando moscas em caráter experimental e avaliando as implicações de uma liberação em grande escala.

NOTAS FINAIS

IDENTIFICAÇÃO DE INSETOS

Precisa identificar um inseto com a sua comunidade? Capture-o corretamente ou tire uma boa fotografia para auxiliar os profissionais no processo. Entre em contato com a secretaria de agricultura do seu estado ou o departamento de entomologia da universidade local para obter assistência.

Sociedade Entomológica da América
O site oferece uma seção com links para sociedades entomológicas e outras informações relacionadas a insetos. Visite entsoc.org.

Sociedade Aracnológica Americana
Traz uma galeria de fotos, respostas a perguntas frequentes e outros links de auxílio. Visite americanarachnology.org.

Real Sociedade Entomológica
Oferece um guia de identificação online e outras informações sobre insetos britânicos. Visite royensoc.co.uk.

BugGuide.net
Uma comunidade online de entusiastas que postam fotos de insetos, aranhas e outras criaturas.

Buglife
Uma associação de caridade dedicada à conservação de invertebrados, incluindo os insetos mais raros da Grã-Bretanha. Visite buglife.org.uk.

INSETÁRIOS

Visitar um insetário é uma maneira maravilhosa de conhecer de perto algumas dessas criaturas. Muitos museus de história natural e zoológicos têm exposições de insetos. Aqui estão alguns dos mais interessantes do mundo:

Museu Americano de História Natural • Possui uma das maiores coleções de insetos do mundo; exposições relacionadas são frequentes. Visite em Nova York ou acesse o site amnh.org.

Audubon Insectarium
Exposições de insetos vivos, simulações subterrâneas de encontros com insetos gigantes e iguarias que os visitantes podem degustar na cafeteria. Visite em New Orleans, Louisiana, ou acesse o site audubonnatureinstitute.org/insectarium.

California Academy of Sciences
Tem uma floresta tropical de quatro andares, museu de história natural, centro educacional naturalista e um "telhado verde" vivo. Visite em San Francisco, California, ou acesse o site calacademy.org.

Museu Field de História Natural
Com uma coleção extraordinária de insetos e borboletas, este museu de história natural apresenta regularmente exposições de insetos especiais. Visite em Chicago, Illinois, ou acesse fieldmuseum.org.

Insectarium de Montreal
Espécimes vivos e preservados, exposições de borboletas e programas especiais. Visite em Montreal, Quebec, ou acesse espacepourlavie.ca/en/insectarium.

Museu de História Natural de Los Angeles • Tem um zoológico de insetos com espécimes vivos, além de exposições nas quais os visitantes podem tocar nas criaturas. Visite em Los Angeles, Califórnia. ou acesse nhm.org.

Museu de História Natural de Londres • Conhecido por sua exposição de "rastejantes assustadores", jardim de vida selvagem e uma coleção extraordinária do Darwin Centre. Visite em Londres, ou acesse nhm.ac.uk.

Museu Nacional de História Natural • Administrado pela Instituição Smithsoniana, inclui zoológico de insetos, pavilhão de borboletas e uma grande coleção de espécimes. Visite em Washington, DC, ou acesse mnh.si.edu.

Planeta Inseto • O único Jardim Zoológico de insetos do Brasil e América Latina, autorizado pelo IBAMA e Secretaria do Meio Ambiente. Visite em São Paulo ou acesse planetainseto.com.br.

CONTROLE DE PRAGAS

Identificar corretamente as pragas é o primeiro passo para expulsá-las da sua casa e jardim. Entre em contato com a secretaria de agricultura do seu estado ou o departamento de entomologia da universidade local para ajudar a identificar e controlar insetos indesejados.

Richard Fagerlund há anos dá orientações sensatas e seguras de controle de pragas por meio de sua coluna "Ask the Bugman" ("Pergunte ao Homem-Inseto") e agora através de seu site, askthebugman.com.

DOENÇAS TRANSMITIDAS POR INSETOS

O **Centro de Controle de Doenças dos Estados Unidos** e o Serviço Nacional de Saúde do Reino Unido dão orientações aos viajantes para minimizar a exposição a doenças transmitidas por insetos e trazem visões gerais básicas de muitas dessas doenças. Saiba mais em cdc.gov e nhs.uk.

A **Organização Mundial de Saúde** monitora e combate epidemias de doenças transmitidas por insetos no mundo todo e oferece informações básicas de saúde a viajantes. Confira em who.int.

O **Carter Center** está trabalhando para eliminar uma série de doenças descritas neste livro. Suas estratégias incluem ensinar as pessoas a construir latrinas mais saudáveis, distribuir filtros de água e oferecer medicamentos gratuitamente. Acesse cartercenter.org.

A **Coordenadoria de Controle de Doenças** mantém um site com informações sobre doenças, principalmente as mais comuns no Brasil, como a dengue, e calendário de vacinação para a população. Confira em saude.sp.gov.br/coordenadoria-de-controle-de-doencas.

BIBLIOGRAFIA

GUIAS DE IDENTIFICAÇÃO

CAPINERA, John L. *Encyclopedia of Entomology*. Dordrecht: Springer, 2008.

EATON, Eric R.; KAUFMAN, Kenn. *Kaufman Field Guide to Insects of North America*. New York: Houghton Mifflin, 2007.

EVANS, Arthur V. *National Wildlife Federation Field Guide to Insects and Spiders and Related Species of North America*. New York: Sterling, 2007.

FOSTER, Steven; CARAS, Roger A. *A Field Guide to Venomous Animals and Poisonous Plants, North America, North of Mexico*. Peterson field guide series 46. Boston: Houghton Mifflin, 1994.

HAGGARD, Peter; HAGGARD, Judy. *Insects of the Pacific Northwest*. Timber Press field guide. Portland, OR: Timber Press, 2006.

LEVI, Herbert Walter; LEVI, Lorna Rose; ZIM, Herbert S.; STREKALOVSKI Nicholas. *Spiders and Their Kin*. New York: Golden Press, 1990.

O'TOOLE, Christopher. *Firefly Encyclopedia of Insects and Spiders*. Toronto: Firefly Books, 2002.

RESH, Vincent H.; CARDÉ, Ring T., eds. *Encyclopedia of Insects*. San Diego, CA: Elsevier Academic Press, 2009.

REFERÊNCIAS MÉDICAS

GODDARD, Jerome. *Physician's Guide to Arthropods of Medical Importance.* Boca Raton, FL: CRC Press, 2007.

LANE, Richard P.; CROSSKEY, Roger Ward. *Medical Insects and Arachnids.* London: Chapman & Hall, 1993.

MULLEN, Gary R.; DURDEN, Lance A. *Medical and Veterinary Entomology.* Amsterdam: Academic Press, 2002.

CONTROLE DE PRAGAS

ELLIS, Barbara W.; BRADLEY, Fern Marshall; ATTHOWE, Helen. T*he Organic Gardener's Handbook of Natural Insect and Disease Control: A Complete Problem-Solving Guide to Keeping Your Garden and Yard Healthy without Chemicals*. Emmaus, PA: Rodale Press, 1996.

GILLMAN, Jeff. The T*ruth About Garden Remedies: What Works, What Doesn't, and Why.* Portland, OR: Timber Press, 2008.

______ *The Truth About Organic Gardening: Benefits, Drawbacks, and the Bottom Line.* Portland, OR: Timber Press, 2008.

LEITURAS ADICIONAIS

ALEXANDER, John O'Donel. *Arthropods and Human Skin.* Berlin: Springer-Verlag, 1984.

BERENBAUM, May R. *Bugs in the System: Insects and Their Impact on Human Affairs.* Reading, MA: Addison-Wesley, 1995.

BONDESON, Jan. *A Cabinet of Medical Curiosities.* Ithaca, NY: Cornell University Press, 1997.

BURGESS, Jeremy; MARTEN, Michael; TAYLOR, Rosemary. *Microcosmos.* Cambridge: Cambridge University Press, 1987.

BYRD, Jason H.; CASTNER, James L. *Forensic Entomology: The Utility of Arthropods in Legal Investigations.* Boca Raton, FL: CRC Press, 2001.

CAMPBELL, Christopher. T*he Botanist and the Vintner: How Wine Was Saved for the World.* Chapel Hill, NC: Algonquin Books of Chapel Hill, 2005.

CARWARDINE, Mark. *Extreme Nature.* New York: Collins, 2005.

CHASE, Marilyn. The *Barbary Plague: The Black Death in Victorian* San Francisco. New York: Random House, 2003.

CHINERY, Michael. *Amazing Insects: Images of Fascinating Creatures.* Buffalo, NY: Firefly Books, 2008.

CLOUDSLEY-THOMPSON, J. L. *Insects and History.* New York: St. Martin's Press, 1976.

COLLINGE, Sharon K.; RAY, Chris. *Disease Ecology: Community Structure and Pathogen Dynamics*. Oxford: Oxford University Press, 2006.

COWAN, Frank. *Curious Facts in the History of Insects; Including Spiders and Scorpions: A Complete Collection of the Legends, Superstitions, Beliefs, and Ominous Signs Connected with Insects, Together with Their Uses in Medicine, Art, and as Food; and a Summary of Their Remarkable Injuries and Appearances.* Philadelphia: J. B. Lippincott, 1865.

CROSBY, Molly Caldwell. *The American Plague: The Untold Story of Yellow Fever, the Epidemic That Shaped Our History.* New York: Berkley Books, 2006.

CROSSKEY, Roger Ward. T*he Natural History of Blackflies.* Chichester, England: Wiley, 1990.

EISNER, Thomas. *For Love of Insects.* Cambridge, MA: Belknap Press of Harvard University Press, 2003.

EISNER, Thomas; EISNER, Maria, SIRGLER, Melody. *Secret Weapons: Defenses of Insects, Spiders, Scorpions, and Other Many-Legged Creatures.* Cambridge, MA: Belknap Press of Harvard University Press, 2005.

ERZINCLIOGLU, Zakaria. Maggots, *Murder, and Men: Memories and Reflections of a Forensic Entomologist.* New York: Thomas Dunne Books, 2000.

EVANS, Arthur V. What's Bugging You? *A Fond Look at the Animals We Love to Hate.* Charlottesville: University of Virginia Press, 2008.

EVANS, Howard Ensign. *Life on a Little-Known Planet.* New York: Dutton, 1968.

FRIEDMAN, Reuben. *The Emperor's Itch: The Legend Concerning Napoleon's Affliction with Scabies.* New York: Froben Press, 1940.

GENNARD, Dorothy E. *Forensic Entomology: An Introduction*. Chichester, England: Wiley, 2007.

GLAUSIUSZ, Josie; STEGER, Volker. Buzz: *The Intimate Bond between Humans and Insects.* San Francisco: Chronicle Books, 2004.

GOFF, M. Lee. *A Fly for the Prosecution: How Insect Evidence Helps Solve Crimes.* Cambridge, MA: Harvard University Press, 2000.

GORDON, Richard. *An Alarming History of Famous and Difficult! Patients: Amusing Medical Anecdotes from Typhoid Mary to FDR.* New York: St. Martin's Press, 1997.

GRATZ, Norman. *The Vector-and Rodent-Borne Diseases of Europe and North America: Their Distribution and Public Health Burden.* Cambridge: Cambridge University Press, 2006.

GULLAN, P. J.; CRANSTON, P. S. *The Insects: An Outline of Entomology*. Malden, MA: Blackwell, 2005.

HICKIN, Norman E. Bookworms: *The Insect Pests of Books*. London: Sheppard Press, 1985.

HOEPPLI, Reinhard. *Parasitic Diseases in Africa and the Western Hemisphere: Early Documentation and Transmission by the Slave Trade*. Basel: Verlag fur Recht und Gesellschaft, 1969.

HOLLDOBLER, Bert; WILSON, Edward O. *The Ants*. Cambridge, MA: Belknap Press of Harvard University Press, 1990.

______ The Superorganism: *The Beauty, Elegance, and Strangeness of Insect Societies*. New York: W.W. Norton, 2009.

HOWELL, Michael; FORD, Peter. *The Beetle of Aphrodite and Other Medical Mysteries*. New York: Random House, 1985.

HOYT, Erich; SCHULTZ, Ted. *Insect Lives: Stories of Mystery and Romance from a Hidden World*. Cambridge, MA: Harvard University Press, 2002.

JONES, David E. *Poison Arrows: North American Indian Hunting and Warfare*. Austin: University of Texas Press, 2007.

KELLY, John. *The Great Mortality: An Intimate History of the Black Death, the Most Devastating Plague of All Time*. New York: HarperCollins, 2005.

LOCKWOOD, Jeffrey Alan. Locust: *The Devastating Rise and Mysterious Disappearance of the Insect That Shaped the American Frontier*. New York: Basic Books, 2004.

______ *Six-Legged Soldiers: Using Insects as Weapons of War*. Oxford: Oxford University Press, 2009.

MARKS, Isaac Meyer. *Fears and Phobias. Personality and psychopathology* 5. New York: Academic Press, 1969.

MARLEY, Christopher. *Pheromone: The Insect Artwork of Christopher Marley*. San Francisco: Pomegranate, 2008.

MAYOR, Adrienne. *Greek Fire, Poison Arrows, and Scorpion Bombs: Biological and Chemical Warfare in the Ancient World*. Woodstock, NY: Overlook Duckworth, 2003.

MERTZ, Leslie A. *Extreme Bugs*. New York: Collins, 2007.

MINGO, Jack; BARRETT, Erin; WILSON, Lucy Autrey. *Cause of Death: A Perfect Little Guide to What Kills Us*. New York: Pocket Books, 2008.

MURRAY, Polly. *The Widening Circle: A Lyme Disease Pioneer Tells Her Story*. New York: St. Martin's Press, 1996.

MYERS, Kathleen Ann; SCOTT, Nina M. *Fernandez de Oviedo's Chronicle of America: A New History for a New World*. Austin: University of Texas Press, 2008.

NAGAMI, Pamela. Bitten: *True Medical Stories of Bites and Stings.* New York: St. Martin's Press, 2004.

NASKRECKI, Piotr. *The Smaller Majority: The Hidden World of the Animals That Dominate the Tropics.* Cambridge, MA: Belknap Press of Harvard University Press, 2005.

NEUWINGER, Hans Dieter. *African Ethnobotany: Poisons and Drugs: Chemistry, Pharmacology, Toxicology.* London: Chapman & Hall, 1996.

O'TOOLE, Christopher. *Alien Empire: An Exploration of the Lives of Insects.* New York: HarperCollins, 1995.

PRESTON-MAFHAM, Ken, and Rod Preston-Mafham. *The Natural World of Bugs and Insects.* San Diego, CA: Thunder Bay, 2001.

RESH, Vincent H.; CARD, Ring T. *Encyclopedia of Insects.* Amsterdam: Academic Press, 2003.

RILEY, Charles V. *The Locust Plague in the United States: Being More Particularly a Treatise on the Rocky Mountain Locust or So-Called Grasshopper, as It Occurs East of the Rocky Mountains, with Practical Recommendations for Its Destruction.* Chicago: Rand, McNally, 1877.

ROSEN, William. Justinian's Flea: *The First Great Plague, and the End of the Roman Empire.* New York: Penguin Books, 2008.

RULE, Ann. *Empty Promises and Other True Cases.* New York: Pocket Books, 2001.

SCHAEFFER, Neil. *The Marquis de Sade: A Life.* New York: Knopf, 1999.

TALTY, Stephan. *The Illustrious Dead: The Terrifying Story of How Typhus Killed Napoleon's Greatest Army.* New York: Crown, 2009.

VENTURA, Varla. *The Book of the Bizarre: Freaky Facts and Strange Stories.* York Beach, ME: Red Wheel/Weiser, 2008.

WADE, Nicholas. *The New York Times Book of Insects.* Guilford, CT: Lyons Press, 2003.

WALDBAUER, Gilbert. *Insights from Insects: What Bad Bugs Can Teach Us.* Amherst, NY: Prometheus Books, 2005.

WALTERS, Martin. *The Illustrated World Encyclopedia of Insects: A Natural History and Identification Guide to Beetles, Flies, Bees, Wasps, Mayflies, Dragonflies, Cockroaches, Mantids, Earwigs, Ants and Many More.* London: Lorenz, 2008.

WEISS, Harry B.; CARRUTHERS, Ralph Herbert. *Insect Enemies of Books.* New York: The New York Public Library, 1937.

WILLIAMS, Greer. *The Plague Killers.* New York: Charles Scribner's Sons, 1969.

ZINSSER, Hans. *Rats, Lice, and History.* London: Penguin, 2000.

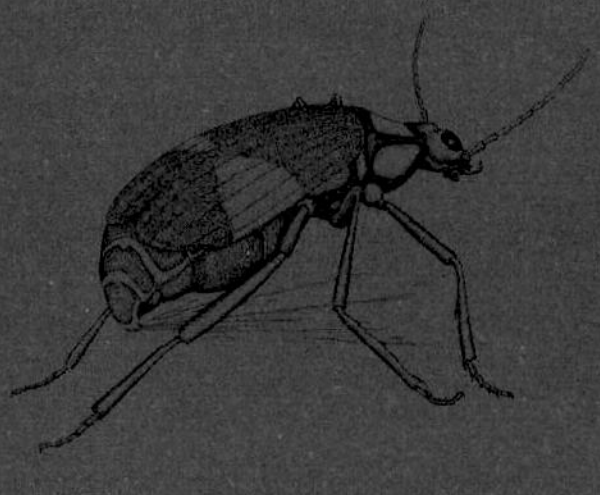

H.G. Wells

CONTO MACABRO

"A Mariposa Fantasma", de H.G. Wells, é um conto de ficção científica que narra a história do dr. James Harrington, um entomologista que manipula geneticamente uma mariposa, resultando em uma criatura mutante e gigantesca. Publicado pela primeira vez em 1895, o conto explora os perigos da biologia experimental e a ambição desmedida dos cientistas. Ao confrontar as consequências de suas ações, Harrington se vê preso em um dilema ético sobre os limites da intervenção humana na natureza. "A Mariposa Fantasma" questiona o preço do progresso científico e as responsabilidades associadas ao poder de moldar a vida.

A MARIPOSA FANTASMA

H.G. Wells

Provavelmente você já ouviu falar de Hapley — não W. T. Hapley, o filho, mas do célebre *Hapley de Periplaneta Hapliia* — o entomologista.

Em caso afirmativo, você deve ao menos saber a respeito da grande disputa entre Hapley e o professor Pawkins, embora algumas das consequências disso possam lhe ser novidade. Para aqueles que não sabem, algumas palavrinhas explanatórias são necessárias, que não deverão tomar muito o tempo de um leitor ocioso, se sua indolência assim o permitir.

É inacreditável que seja tão difusa e prevalente a ignorância a respeito de assuntos tão importantes quanto esta querela entre Hapley e Pawkins. Essas controvérsias que marcaram época e, novamente, que convulsionaram a Sociedade Geológica são, acredito eu, praticamente desconhecidas fora desse corpo de especialistas. Inclusive, ouvi homens de educação geral razoável até mesmo se referirem às grandes cenas nessas reuniões como questiúnculas de paróquia. No entanto, o grande ódio dos geólogos ingleses e escoceses já dura meio século e "deixou marcas profundas e abundantes no corpo da ciência". E essa questão de Hapley-Pawkins, embora um assunto talvez mais pessoal, despertou paixões profundas, se não profundíssimas. O homem comum não tem noção do zelo que move um investigador científico, da fúria que se lhe pode despertar com uma contradição. É o *odium theologicum* em uma forma inédita. Há homens, por exemplo, que de bom grado queimariam o professor Ray Lankester em Smithfield pela sua tratativa a respeito dos moluscos na *Encyclopaedia*. Ah, aquela ampliação fantástica dos cefalópodes para conseguir incluir os pterópodes... Mas estou me desviando do assunto Hapley e Pawkins.

Começou há muitos anos, com uma revisão dos microlepidoptera (seja lá o que for isso) por Pawkins, na qual ele extinguiu uma nova espécie criada por Hapley. Hapley, que sempre foi briguento, respondeu com uma recusa pungente de toda a classificação de Pawkins.[1] Pawkins, em sua "Tréplica",[2] sugeriu que o microscópio de Hapley era tão defeituoso quanto seu poder de observação, e o chamou de "intrometido irresponsável" — Hapley não era professor naquela época. Hapley, em sua réplica,[3] falou de "colecionadores desajeitados" e descreveu, como se inadvertidamente, a revisão de Pawkins como um "milagre da inépcia". Foi uma declaração aberta de guerra. No entanto, dificilmente interessaria ao leitor detalhar como esses dois grandes homens brigaram e como as diferenças entre eles se alargaram até que, a partir dos microlepidoptera, estivessem em guerra sobre todas as questões abertas da entomologia. Houve ocasiões memoráveis. Às vezes, as reuniões da Real Sociedade Entomológica de Londres não lembravam outra coisa a não ser a Câmara dos Deputados. No geral, imagino que Pawkins estava mais perto da verdade do que Hapley. Mas Hapley era habilidoso com sua retórica, tinha um talento para a ridicularização raro em um cientista, era dotado de vasta energia e tinha uma sensibilidade ferida no tocante à espécie extinta; enquanto Pawkins era um homem de presença maçante, fala prosaica e forma física de barril, excessivamente escrupuloso com depoimentos e suspeito de agenciar cargos no museu. Então os mais jovens se aglomeravam em torno de Hapley e o aplaudiam. Foi uma longa batalha, cruel desde o início e que cresceu até tomar a forma de um antagonismo impiedoso. As sucessivas reviravoltas da sorte — uma alternância de momentos vantajosos para cada lado — com uma hora Hapley sendo atormentado pelo sucesso de Pawkins, e outra Pawkins sendo ofuscado por Hapley, pertencem mais à história da entomologia do que a este conto.

Mas em 1891 Pawkins, cuja saúde estava ruim havia algum tempo, publicou um trabalho sobre o "mesoblasto" da mariposa *acherontia*, a borboleta-caveira. O que seria o mesoblasto da borboleta-caveira não nos importa lhufas nesta história. Contudo, o trabalho estava muito aquém de

1 "Observações sobre uma revisão recente dos microlepidoptera." Quart. Jorn. Entomological Soc., 1863.

2 "Tréplica de certas observações", etc. Ibid., 1864

3 "Outras observações", etc. Ibid.

seu padrão habitual e deu a Hapley uma abertura que ele cobiçava havia anos. Ele deve ter trabalhado noite e dia para aproveitar ao máximo essa oportunidade.

Em uma crítica elaborada, ele despedaçou Pawkins — pode-se imaginar o cabelo preto desalinhado e seus estranhos olhos escuros brilhando enquanto ele investia contra seu antagonista — e Pawkins deu uma resposta, hesitante, ineficaz, com dolorosas lacunas de silêncio, e ainda assim maligna. Não havia como ignorar sua vontade de ferir Hapley, nem sua incapacidade de fazê-lo. Mas poucos daqueles que o ouviram — eu mesmo estava ausente daquela reunião — perceberam o quanto o homem estava doente.

Hapley derrubou seu oponente e pretendia acabar com ele. Ele seguiu com um ataque simplesmente brutal a Pawkins, na forma de um artigo sobre o desenvolvimento das mariposas em geral; um artigo que exibia evidências de uma quantidade extraordinária de trabalho mental, e ainda assim redigido em um tom violentamente controverso. Por mais violento que fosse, uma nota editorial é a prova de que foi modificado. Deve ter coberto Pawkins de vergonha e constrangimento. Não deixou nenhuma brecha; era munido de argumentos matadores e num tom completamente desdenhoso; uma coisa horrorosa para os anos finais da carreira de um homem.

O mundo dos entomologistas esperou ansiosamente pela tréplica de Pawkins. Ele produziria uma, pois Pawkins sempre foi bom de briga. Mas quando ela veio, surpreendeu a todos. Pois a tréplica de Pawkins foi pegar gripe, evoluir com uma pneumonia e morrer.

Foi talvez a resposta mais eficaz que ele poderia ter dado em tais circunstâncias, e provocou uma mudança no sentimento geral em relação a Hapley. As mesmas pessoas que alegremente aplaudiram aqueles gladiadores ficaram sérias em face das consequências. Não houve dúvidas de que o desgosto com a derrota havia contribuído para a morte de Pawkins. Havia um limite até para a controvérsia científica, diziam as pessoas sérias. Outro ataque esmagador já estava na imprensa e apareceu um dia antes do funeral. Não acho que Hapley tenha se esforçado para impedir. As pessoas se lembravam de como Hapley perseguiu seu rival e acabaram se esquecendo dos defeitos desse rival. O esculacho nunca cai bem sobre a mortalha. A coisa provocou comentários nos jornais diários. Foi isso que me fez pensar que você provavelmente já ouviu falar de Hapley e dessa controvérsia. Mas, como comentei antes, os cientistas costumam viver enfurnados em um mundo próprio; ouso dizer que metade das pessoas que vão à Academia em Piccadilly todos os anos sequer sabe onde as sociedades eruditas estão sediadas. Muitos até pensam que o mundo da pesquisa é uma espécie de gaiola da felicidade em que todos os tipos de pessoas convivem em paz.

Em seus pensamentos íntimos, Hapley não podia perdoar Pawkins por morrer. Em primeiro lugar, era uma esquiva mesquinha para escapar da pulverização absoluta que Hapley tinha engendrado para ele, e, em segundo, deixou uma lacuna esquisita na mente de Hapley. Por vinte anos, ele trabalhou duro, às vezes até tarde da noite, e sete dias por semana, com microscópio, bisturi, rede coletora e caneta, e quase inteiramente com referência a Pawkins. A reputação que ele conquistou na Europa veio como um incidente naquela grande antipatia. Em seu trabalho, Hapley gradualmente chegou a um clímax com a última controvérsia. Isso matou Pawkins, mas também derrubou Hapley, por assim dizer, e seu médico o aconselhou a deixar o trabalho de lado por um tempo e descansar. Então Hapley foi a uma vila tranquila em Kent e ficou pensando dia e noite em Pawkins, e coisas boas agora eram impossíveis de se dizer sobre ele.

Por fim, Hapley começou a perceber em qual direção sua preocupação tendia. Ele decidiu empreender uma luta e começou tentando ler romances. Mas não conseguia parar de pensar em Pawkins, com o rosto branco e fazendo seu último discurso — cada frase dando uma bela abertura para Hapley. Voltou-se para a ficção — e descobriu que ela não lhe tinha nenhum apelo. Leu *Entretenimentos nas Noites da Ilha* de Robert Louis Stevenson até que o demônio na garrafa abalasse seu "senso de causalidade" para além de qualquer resistência. Então passou a Rudyard Kipling e descobriu que ele "não provava nada", além de ser irreverente e vulgar. Essas pessoas da ciência têm suas limitações. Então, infelizmente, tentou ler *The Inner House*, de Walter Besant, e o capítulo de abertura o pôs a pensar nas sociedades eruditas e em Pawkins de uma só vez.

Depois disso Hapley se voltou para o xadrez e o achou um pouco mais calmante. Ele logo dominou os movimentos e manobras principais, as posições fechadas mais comuns, e começou a derrotar o Vigário. Mas então os contornos cilíndricos do rei oposto começaram a se assemelhar a Pawkins, debatendo-se e ofegando em vão diante do xeque-mate, e Hapley decidiu desistir do xadrez.

Talvez o estudo de algum novo ramo da ciência fosse, afinal, uma distração melhor. O melhor descanso é a mudança de ocupação. Hapley decidiu mergulhar nas diatomáceas e mandou vir de Londres um de seus microscópios menores e a monografia de Halibut. Ele pensou que, talvez, comprando uma briga vigorosa com Halibut, poderia recomeçar a vida e esquecer Pawkins. E logo estava trabalhando duro, à sua maneira extenuante habitual, nesses habitantes microscópicos das poças d'água de jardim.

Foi no terceiro dia das diatomáceas que Hapley tomou conhecimento de uma nova adição à fauna local. Ele estava trabalhando até tarde no microscópio, e a única luz na sala era o pequeno abajur brilhante com aquela cúpula verde especial. Como todos os microscopistas experientes, ele mantinha os dois olhos abertos. Era a única maneira de evitar a fadiga excessiva. Um olho ficava sobre o instrumento, e diante dele jazia o luminoso e distinto campo circular do microscópio, através do qual uma diatomácea marrom se movia lentamente. E foi com o outro olho que Hapley viu, por assim dizer, sem ver. Ele estava apenas vagamente consciente da lataria do instrumento, da parte iluminada da toalha de mesa, de uma folha de papel, do apoio da lâmpada e da sala escura além.

De repente, sua atenção se desviou de um olho para o outro. A toalha de mesa era daquele material que os lojistas chamam de tapeçaria, e era bastante colorida. O padrão era dourado, com uma pequena quantidade de carmesim e azul-pálido sobre um fundo acinzentado. Em um ponto, o padrão parecia deslocado, e havia um movimento vibratório das cores nesse local.

Hapley de repente moveu a cabeça para trás e olhou com os dois olhos. Sua boca se abriu de espanto.

Era uma grande mariposa, com as asas espalhadas ao modo das borboletas!

Era estranho que estivesse no quarto, pois as janelas estavam fechadas. Estranho que não tivesse atraído a atenção dele ao voar para sua posição atual. Estranho que combinasse com a toalha de mesa. Estranho que para ele, Hapley, o grande entomologista, fosse completamente desconhecida. Não havia ilusão alguma. Estava rastejando lentamente em direção ao apoio da lâmpada.

"Um novo gênero, pelos céus! E ainda por cima na Inglaterra!", disse Hapley, encarando-a.

Então, de repente, pensou em Pawkins. Nada teria enlouquecido mais Pawkins... E Pawkins estava morto!

Algo na cabeça e no corpo do inseto se tornou singularmente sugestivo de Pawkins, assim como o rei do xadrez.

"Com os diabos o Pawkins!", disse Hapley. "Mas eu preciso pegar isso." E olhando ao seu redor em busca de algum meio de capturar a mariposa, ele se levantou lentamente da cadeira. De repente, o inseto alçou voo, chocou-se com a borda do abajur — Hapley ouviu o pim — e desapareceu nas sombras.

Em um instante, Hapley havia retirado a cúpula, de modo que toda a sala estava iluminada. A coisa havia desaparecido, mas logo seu olho treinado a detectou sobre o papel de parede perto da porta. Ele foi em direção à criatura usando a cúpula do abajur para capturá-la. Antes que alcançasse a distância para o bote, no entanto, a mariposa havia decolado e estava esvoaçando pela sala. Ao modo das borboletas, ela voava com arrancadas e revolteios repentinos, desaparecendo aqui e reaparecendo acolá. Hapley a atacou e errou; depois tentou novamente — e falhou.

Na terceira vez, acertou o microscópio. O instrumento balançou, bateu e derrubou a lâmpada, caindo ruidosamente no chão. A lâmpada virou sobre a mesa e, por sorte, apagou-se. Hapley ficou no escuro. Com um susto, ele sentiu o estranho saracotear da mariposa em seu rosto.

Era enlouquecedor. Não havia luz. Se ele abrisse a porta da sala, a coisa escaparia. Na escuridão, ele viu Pawkins claramente rindo dele. E era uma risada pastosa. Ele xingou furiosamente e bateu o pé no chão.

Houve uma batida tímida na porta.

Que então se abriu, talvez uns trinta centímetros, e muito devagar. O rosto alarmado da senhoria apareceu atrás da chama rosada da vela; ela usava uma touca de dormir sobre os cabelos grisalhos e tinha um xale roxo ao redor dos ombros. "Que barulho medonho de coisa quebrando foi esse?", ela falou. "Tem alguma coisa...?" A estranha mariposa apareceu esvoaçando perto da fenda da porta. "Feche essa porta!", bradou Hapley, e de repente correu na direção da mulher.

A porta bateu às pressas. Hapley ficou sozinho no escuro. Então fez-se uma pausa, e ele ouviu sua senhoria subir as escadas, trancar a porta e arrastar algo pesado pela sala para escorar nela.

Tornou-se evidente para Hapley que sua conduta e aparência haviam sido estranhas e alarmantes. Com o diabo a mariposa! E Pawkins! No entanto, era uma lástima perder a mariposa logo agora. Depois de atirar seu chapéu no chão com um barulho semelhante a um tambor, ele abriu caminho para o corredor e encontrou os fósforos. Com a vela acesa, voltou para a sala de estar. Nenhuma mariposa à vista. No entanto, por um momento, pareceu que a coisa estava tremulando em volta de sua cabeça. Hapley de repente decidiu desistir da mariposa e ir para a cama. Mas estava agitado. Durante toda a noite, seu sono foi interrompido por sonhos com a mariposa, Pawkins e sua senhoria. Duas vezes naquela noite ele saiu da cama e foi mergulhar a cabeça em água fria.

Uma coisa estava muito clara para ele. Não havia possibilidade de sua senhoria entender a estranha mariposa, especialmente porque ele não conseguiu pegá-la. Ninguém além de um entomologista seria capaz de entender como ele se sentia. Ela provavelmente estava assustada com o comportamento dele, mas ele não via modo de explicá-lo. Decidiu não dizer mais nada sobre os eventos da noite passada. Depois do café da manhã, ele a viu em seu jardim e decidiu sair e conversar para tranquilizá-la. Ele conversou com ela sobre feijões e batatas, abelhas, lagartas e o preço das frutas. Ela respondia da maneira usual, mas olhava para ele um pouco desconfiada e continuava andando enquanto ele a acompanhava, de modo que sempre havia um canteiro de flores, ou uma fileira de feijões, ou algo do tipo entre eles. Depois de um tempo, ele começou a se sentir particularmente irritado com isso, e para esconder sua irritação foi para dentro de casa e logo saiu para uma caminhada.

A mariposa, ou borboleta, trazendo consigo um gostinho estranho de Pawkins, continuou se intrometendo naquela caminhada, embora ele fizesse o possível para mantê-la longe de sua mente. Em dado instante ele a viu claramente, com as asas esparramadas em cima do velho muro de pedra que corre ao longo da borda oeste do parque, mas quando subiu até ele, descobriu que eram apenas dois pedaços de líquen cinza e amarelo. "Isto", disse Hapley, "é o inverso do mimetismo. Em vez de uma mariposa imitando uma pedra, eis uma pedra imitando uma mariposa!" E em dado momento, algo pairou e esvoaçou ao redor de sua cabeça, mas ele afastou essa impressão de sua mente mais uma vez com a força da vontade.

À tarde, Hapley chamou o Vigário e discutiu com ele questões teológicas. Eles se sentaram no pequeno caramanchão coberto de roseira-brava e fumaram enquanto discutiam. "Veja só aquela mariposa!" disse Hapley, de repente, apontando para a borda da mesa de madeira.

"Onde?", indagou o Vigário.

"Não está vendo uma mariposa na borda da mesa?", perguntou Hapley.

"Certamente que não", respondeu o Vigário.

Hapley ficou estupefato. Gaguejou. O Vigário ficou olhando para ele. Claramente, o homem não via nada. "O olho da fé não é melhor do que o olho da ciência", comentou Hapley vexado.

"Não vejo qual o seu ponto", disse o Vigário, pensando que isso era parte do argumento.

Naquela noite, Hapley encontrou a mariposa rastejando sobre sua colcha. Ele se sentou na beira da cama em mangas de camisa e raciocinou consigo mesmo. Será que foi pura alucinação? Ele sabia que estava saindo dos trilhos e lutou por sua sanidade com a mesma energia silenciosa que anteriormente exibira contra Pawkins. Tão persistente era o hábito que ele sentia como se esta ainda fosse uma luta com Pawkins. Hapley era bem versado em psicologia. Sabia que tais ilusões visuais vêm como resultado de desgaste mental. Mas a questão era que ele não apenas viu a mariposa, mas a ouviu quando ela tocou a borda do abajur e depois quando colidiu com a parede, e ele também sentiu quando ela atingiu seu rosto no escuro.

Ele olhou para ela. Não havia nada que lembrasse um sonho, tudo era perfeitamente claro e sólido à luz das velas. Ele via o corpo peludo e as antenas felpudas, as patas articuladas, até mesmo um lugar onde a penugem da asa havia sido arranhada. De repente, sentiu raiva de si mesmo por ter medo de um pequeno inseto.

Sua senhoria conseguiu que a criada dormisse com ela naquela noite, porque estava com medo de ficar sozinha. Além disso, ela trancou a porta e colocou a cômoda contra ela. Elas ouviam e conversavam aos sussurros depois de irem para a cama, mas nada ocorreu para alarmá-las. Por volta das onze, aventuraram-se a apagar as velas e adormeceram. Acordaram assustadas e se sentaram na cama, os ouvidos atentos em meio à escuridão.

Escutaram pés arrastando-se de um lado para o outro no quarto de Hapley. Uma cadeira foi derrubada e houve um golpe violento na parede. Então um ornamento de lareira de porcelana se esboroou no guarda-fogo. De repente, a porta da sala se abriu e elas o ouviram no patamar das escadas. Abraçaram-se, escutando. Ele parecia estar dançando na escada. Agora ele descia três ou quatro degraus rapidamente, depois subia de novo, depois corria pelo corredor. Ouviram o suporte de guarda-chuvas decolar e a janela luneta se estilhaçar. Então o ferrolho disparou e a corrente sacudiu. Ele estava abrindo a porta.

Elas correram para a janela. Era uma noite cinzenta e escura; uma camada quase ininterrupta de nuvens aquosas varria a lua, e a cerca viva e as árvores em frente à casa estavam pretas em contraste com a estrada pálida. Viram Hapley, parecendo um fantasma de camisa e calças brancas, correndo de um lado para o outro na estrada e batendo no ar. Em um momento ele parava, então disparava na direção de algo invisível, e depois se movia com passos furtivos. Por fim, ele saiu de vista tomando a estrada rumo à colina. Depois, enquanto discutiam quem deveria descer e trancar a porta, ele voltou. Estava andando muito rápido e entrou direto na casa, fechou a porta com cuidado e subiu silenciosamente para o quarto. Tudo ficou silencioso.

"Sra. Colville", disse Hapley, chamando-a da escada na manhã seguinte, "espero não tê-la assustado ontem à noite."

"Oras, pois experimente me perguntar!", disse a sra. Colville.

"O fato é que sou um sonâmbulo, e nas últimas duas noites fiquei sem minha mistura para dormir. Não há nada com que se preocupar, na verdade. Desculpe-me por fazer esse papelão imbecil. Vou até Shoreham pegar algo que me faça dormir profundamente. Eu deveria ter feito isso ontem."

Mas na metade do caminho, perto das minas de cal, a mariposa veio novamente ao encontro de Hapley. Ele prosseguiu, tentando manter a mente focada em problemas de xadrez, mas isso não era bom. A coisa esvoaçou em seu rosto, e ele a golpeou com o chapéu em legítima defesa. Então a raiva, a velha raiva — a raiva que ele tantas vezes sentiu contra Pawkins — sobreveio novamente. Ele continuou, saltando e atacando o inseto. De repente, pisou em falso e caiu de cabeça.

Fez-se uma lacuna nos seus sentidos, e Hapley se viu sentado no monte de pedras em frente à entrada das minas de cal, com uma perna torcida sob o corpo. A estranha mariposa ainda esvoaçava em volta de sua cabeça. Ele a golpeou com a mão e, desviando o olhar, viu dois homens se aproximando dele. Um era o médico da aldeia. Ocorreu a Hapley que estava com sorte. Então veio à sua mente, com extraordinária vivacidade, que ninguém jamais seria capaz de ver a estranha mariposa, exceto ele mesmo, e que cabia a ele manter silêncio a respeito disso.

Tarde da noite, no entanto, depois que sua perna quebrada foi colocada no lugar, ele ficou febril e esqueceu do autocontrole. Deitado em sua cama, começou a correr os olhos ao redor do quarto para ver se a mariposa ainda estava por perto. Tentou evitar, mas não adiantou. Logo avistou a coisa descansando perto de sua mão, à luz da lâmpada, na toalha de mesa verde. As asas tremulavam. Com uma súbita onda de raiva, ele bateu com o punho, e a enfermeira acordou com um grito. Ele tinha errado o golpe.

"Aquela mariposa!", resmungou; e então: "Só um devaneio. Não foi nada!"

O tempo todo, ele podia ver claramente o inseto contornando a cornija e voando pela sala, e também reparou que a enfermeira não via nada disso e olhava para ele com estranheza. Tinha que se manter nos trilhos. Sabia que estaria perdido, em caso contrário. Mas à medida que a noite se esvaía, a febre crescia, e o próprio medo que ele tinha de ver a mariposa o fazia vê-la. Por volta das cinco, no cinza do amanhecer, ele tentou sair da cama e pegá-la, embora sua perna se incendiasse de dor. A enfermeira teve que lutar com ele.

Por causa disso, foi amarrado na cama. Como resultado, a mariposa ficou ainda mais ousada e, em um momento ele a sentiu pousar em seus cabelos. Então, porque ele a atacou violentamente com os braços, estes foram amarrados também. Com isso, a mariposa passou a vir e rastejar por seu rosto, e Hapley chorou, xingou, gritou, implorou para que eles a tirassem dali, inutilmente.

O médico era um idiota, um clínico geral recém-formado e bastante ignorante da ciência mental. Ele simplesmente disse que não havia mariposa. Se fosse um homem sagaz, ainda poderia, talvez, ter salvado Hapley de seu destino, entrando em sua ilusão e cobrindo-lhe o rosto com gaze, como ele tanto implorou que fosse feito. Mas, como eu disse, o médico era um idiota, e até que a perna fosse curada, Hapley foi mantido amarrado à cama, e com a mariposa imaginária rastejando sobre ele. Ela nunca o abandonava enquanto ele estava acordado e se transformou em um monstro em seus sonhos. Enquanto estava acordado, ansiava por dormir e, dormindo, acordava gritando.

Agora Hapley está passando o resto de seus dias em um quarto acolchoado, preocupado com uma mariposa que ninguém mais pode ver. O médico do hospício chama isso de alucinação; mas Hapley, quando está de bom humor e pode falar, diz que é o fantasma de Pawkins e, por isso mesmo, um espécime único, cujo trabalho de capturar compensa.

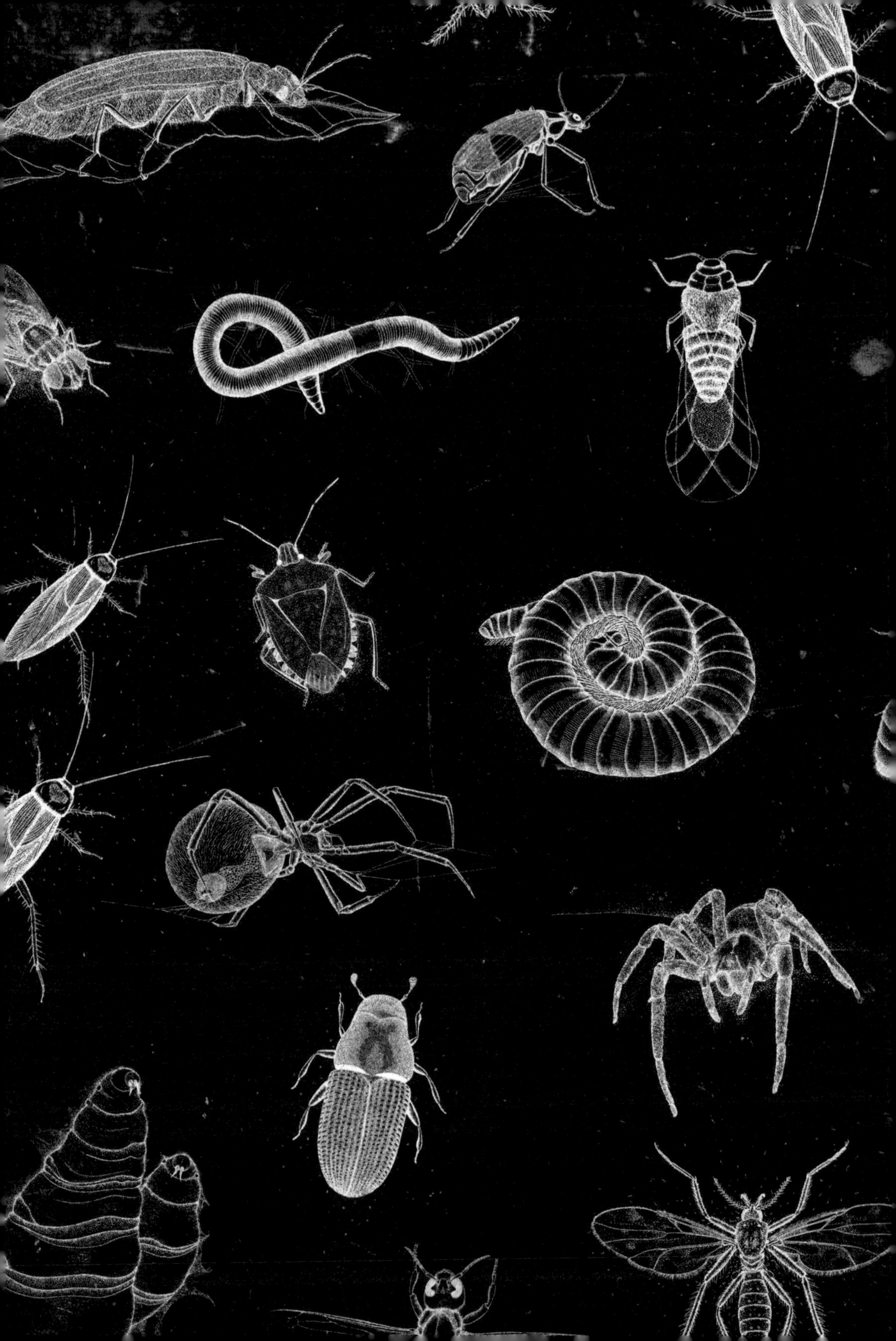

Um agradecimento a Steven Krauth, Distinto Curador Acadêmico da Coleção de Pesquisa de Insetos da Universidade de Wisconsin-Madison, por sua ajuda no delicado trabalho de pesquisa de insetos.

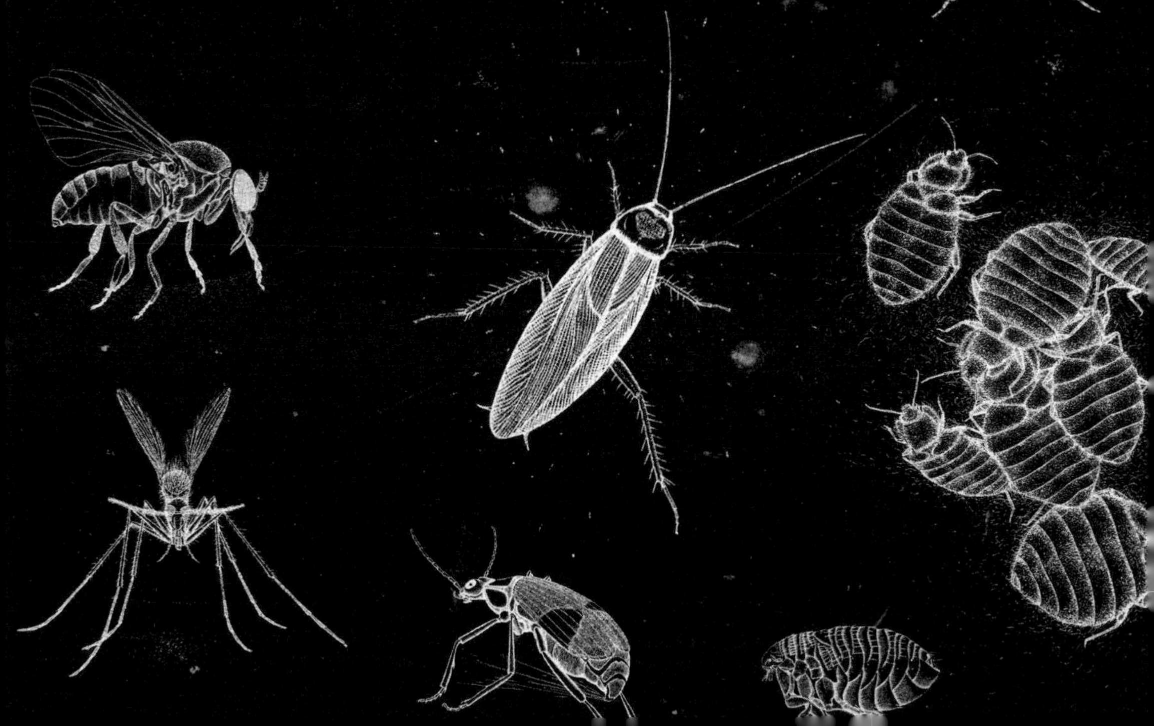

AMY STEWART é escritora best-seller do *New York Times*. Na não ficção, seu trabalho se volta ao mundo natural. Além de *Natureza Macabra: Insetos*, também escreveu *Natureza Macabra: Plantas* e *The Drunken Botanist*. Ela é autora da série de ficção histórica *Kopp Sisters*, sobre uma das primeiras subxerifes dos Estados Unidos. Acredita que os insetos são lindos e devem ser deixados em paz para que a humanidade sobreviva. Saiba mais em amystewart.com.

BRIONY MORROW-CRIBBS cria gravuras em cobre, livros de encadernação elegantes e esculturas de cerâmica que ficam em vitrines de lojas de esquisitices. Eles refletem seu fascínio pelas maneiras como a linguagem racional da ciência encontra o mundo misterioso e, por vezes, grotesco da natureza.

H.G. WELLS nasceu em Londres em 1866. O conto "A Mariposa Fantasma" foi publicado pela primeira vez na *Pall Mall Gazette*, em 1895, mesmo ano em que publicou seu primeiro romance, *A Máquina do Tempo*. O sucesso com o clássico sobre viagem no tempo permitiu-lhe a publicação de outras obras que se tornariam igualmente célebres, como *A Ilha do Doutor Moreau* (1896), *O Homem Invisível* (1897) e *A Guerra dos Mundos* (1898).

MACABRA™

DARKSIDE